# जीवन जीने
# के
# फंडे

# लेखक की पुस्तकें

जिंदगी
न मिलेगी दोबारा
एन. रघुरामन

युवा भारत
की नई पहचान
एन. रघुरामन

अब हमें
बदलना
होगा
एन. रघुरामन

फिर भी
जिंदगी
खूबसूरत है

लक्ष्य प्राप्ति के
फंडे

इरादे
हों तो ऐसे

जब सोचो
बड़ा सोचो
एन. रघुरामन

इंसानियत के
फंडे

खुशहाल फैमिली के
फंडे
Happy फैमिली, Happy लाइफ
एन. रघुरामन

Positive सोच के
फंडे

नए दौर के
बिजनेस
फंडे
Business की Wow सोच

जीवन जीने
के
फंडे

सफल बिजनेस
के
फंडे

लीडरशिप
के
फंडे

स्मार्ट बनने के
फंडे
एन. रघुरामन

# जीवन जीने के फंडे

एन. रघुरामन

प्रभात प्रकाशन

प्रकाशक • **प्रभात प्रकाशन प्रा. लि**
4/19 आसफ अली रोड,
नई दिल्ली–110002
सर्वाधिकार • सुरक्षित
संस्करण • 2024
मूल्य • चार सौ रुपए
मुद्रक • जयलक्ष्मी प्रिंटिंग प्रेस, दिल्ली

**JEEVAN JEENE KE FUNDE**
*by* Shri N. Raghuraman ₹ 400.00
Published by Prabhat Prakashan Pvt. Ltd., 4/19 Asaf Ali Road, New Delhi-2
by arrangement with Penguin Books India
e-mail: prabhatbooks@gmail.com ISBN 978-81-7315-881-0

पूज्य

माता जयाकल्याणी

एवं

पिता वी. नटराजन को समर्पित,

जिन्होंने मेरी क्षमताओं पर विश्वास किया

कि मैं इस दुनिया के लिए कुछ

अच्छा कर सकता हूँ।

वे मेरे मन-मस्तिष्क में

सदैव अंकित रहेंगे।

# दो शब्द

प्रसिद्ध ब्रिटिश दार्शनिक लॉरेंस स्टेम ने 17वीं सदी में कहा था, 'ज्ञान की भूख समृद्धि की भूख की तरह होती है। जितनी मिलती है, भूख उतनी ही बढ़ती जाती है।' लॉरेंस स्टोम की यह छोटी बात बड़ा इशारा करती है। आज का युग ज्ञान का युग है। चहुँओर फैले ज्ञान के इस असीम सागर से कुछ मोती चुनकर लाना आसान नहीं होता। वक्त की आपाधापी में हम अपने बीच ही घटनेवाली कुछ बातों को अनदेखा कर जाते हैं। कुछ ऐसे भी लोग हैं जो इन्हीं बातों का मतलब गहराई से समझते हैं और दूसरों को वही अर्थ सरल भाषा में समझाते हैं। ऐसे ही मानकों पर खरा उतरता है एन. रघुरामन का मैनेजमेंट फंडा। भारी और लच्छेदार वाक्यों का इस्तेमाल किए बगैर, जीवन की हकीकत और जीवन प्रबंधन की कला आम पाठकों तक पहुँचाने का सहज माध्यम साबित हुआ है, दैनिक भास्कर और दिव्य भास्कर का नियमित स्तंभ, 'मैनजमेंट फंडा'।

वर्ष 2003 में विविध क्षेत्रों से जुड़ी जानकारियाँ सहज-सरल भाषा में आम पाठकों तक पहुँचाने के लिए मैनजमेंट फंडा की शुरुआत हुई। धीरे-धीरे यह स्तंभ लोकप्रियता के नित नए सोपान चढ़ता गया। यहाँ तक कि साल के 365 दिन पाठकों को इसका इंतजार रहने लगा। आज यह स्तंभ गागर में सागर की तर्ज पर ज्ञान समेटे हुए है। इसकी मदद से जीवन के विभिन्न क्षेत्रों और स्थितियों को देखने का नजरिया विकसित होता है। जीवन का कोई क्षेत्र शायद ही रघुरामन की नजर से बचा हो। यह पुस्तक उनके आठ वर्षों में प्रकाशित स्तंभों का चुनिंदा संग्रह है। उम्मीद है कि पुस्तक विभिन्न उम्रवय के पाठकों में मूल स्तंभ की तरह ही लोकप्रिय होगी और उन्हें विभिन्न स्थितियों में आगे बढ़ने की राह दिखाएगी।

**—रमेश चंद्र अग्रवाल**

अध्यक्ष

भास्कर समूह

# आभार

मेरे द्वारा लिखित स्तंभों का इस पुस्तक के रूप में आना कई शुभचिंतकों के सहयोग से ही संभव हो सका है। सबसे पहले मैं दैनिक भास्कर समूह के प्रबंध निदेशक, श्री सुधीर अग्रवाल का आभार व्यक्त करना चाहूँगा, जिन्होंने मुझमें विश्वास व्यक्त किया कि मैं साल के 365 दिन और सालो-साल किसी एक विषय पर लगातार लिख सकता हूँ। उनकी प्रतिबद्धता और मुझमें विश्वास ने मुझे अभिव्यक्ति के लिए मंच प्रदान किया। मैं विज्ञापन प्राप्त करने के दबाव से मुक्त होकर निरंतर लेखन कर पा रहा हूँ और इससे मुझे करोड़ों पाठकों का असीम प्रेम मिल रहा है।

अपनी पत्नी प्रेमा और बेटी निशेविता, जिसके क्रमिक विकास से मुझे मैनेजमेंट के नए सिद्धांत और सूत्र मिले, की धैर्यपूर्ण भागीदारी के प्रति भी मैं आभार प्रकट करना चाहूँगा। दैनिक भास्कर और डी.एन.ए. समूह के वरिष्ठजनों और सहयोगियों की चिंतनशील सोच और सहयोग के बिना मेरे लेखन को सार्थकता नहीं मिलती; इन सबका मैं कृतज्ञ हूँ—सर्वश्री रमेश चंद्र अग्रवाल, सुधीर अग्रवाल, गिरीश अग्रवाल, पवन अग्रवाल, के.यू. राव, आर. जगन्नाथन, राजकुमार केसवानी, एन.के. सिंह, विजय शंकर मेहता, निहार रंजन सक्सेना, रवींद्र सोनी, गीत चतुर्वेदी, किशोर राठौर, कल्पित मानकिकर, देवेंद्र गोरेगाँवकर, नारायण साहू।

# अनुक्रम

# गुरु माँ

महिलाओं के लिए प्रबंधन विषय पर लिखना वैसा ही है, जैसे सूरज को चिराग दिखाना। इसलिए अपने पहले कॉलम में मैं वही दोहरा रहा हूँ, जो मुझे मेरी मम्मी हर पल कहती रहीं। मेरा विश्वास रहा है कि माँ से बड़ा मैनेजमेंट गुरु कोई हो ही नहीं सकता। न मानें तो मेरे बचपन में झाँककर देखें, आपको अपना बचपन दिखाई देगा। मेरा दिन शुरू होता था माँ के इस कथन से—'बेटा, देर मत करना। जल्दी उठोगे तो अपने दोस्तों से आगे रहोगे।' और आज आप देख लीजिए, हर मैनेजमेंट गुरु यही कहता मिलेगा—'समय का प्रबंधन करो।' वे भी कहते हैं—'थोड़ा जल्दी जागने से आप दूसरों से आगे रहेंगे।'

हालाँकि थोड़ी देर टालमटोल करता हुआ मैं 15 मिनट बाद उठ जाता था, तो भी माँ को कहते हुए पाता था—'बाथरूम में जाने से पहले अपना बिस्तर ठीक करके जाना। तुम दोबारा कमरे में आओगे तो बहुत फ्रेश महसूस करोगे। कमरा बिखरा रहेगा तो उलझन होगी।' मैं तब समझ नहीं पाता था कि बिस्तर को ठीक करके, चादर-तकिए व्यवस्थित कर देने का फ्रेश महसूस करने से क्या संबंध हो सकता है। लेकिन आज वॉरेन बफेट जैसे विश्व के सफलतम रईस व्यवसायी भी कहते रहते हैं कि साफ-सुथरी मेज रहे तो दफ्तर में दस घंटे भी ताजादम रहने में मदद मिलती है।

हालाँकि मैं बिस्तर ठीक करते समय भुनभुन करता रहता था, पर कर लेता था। फिर तेजी से बाथरूम में घुस जाता था, ताकि थोड़ी देर वहाँ ऊँघ लूँ। पर माँ की आवाजें मुझे याद दिलाती रहती थीं कि अपना काम जल्दी करना और जल्दी तैयार हो जाना। और मैनेजमेंट गुरु भी कहते हैं कि दिन की योजना के मुताबिक चरण-दर-चरण चलते रहोगे तो कोई काम नहीं छूटेगा। जब तक मैं तैयार होकर

आता, मेरा नाश्ता, स्कूल के लिए टिफिन, स्कूल बैग और पॉलिश किए हुए जूते तैयार मिलते। माँ लगातार कहती रहतीं—'एक बार किताबें देख लो, कोई अनावश्यक किताब तो नहीं रखी है, पेंसिल शार्प की हुई है या नहीं, सारी किताबें और कॉपियाँ तो हैं न, आदि-आदि।' यानी मीटिंग से पहले सबकुछ दो बार चेक कर लो, अपने पेपर्स, प्रेजेंटेशन, लैपटॉप, पावन पॉइंट फाइल आदि चेक कर लो—'मामला इंप्रेशन का है और सम्मान का भी।' यही कहते हैं न प्रबंधन गुरु भी!

मैं स्कूल से लौटता तो माँ को दिनभर की सारी बातें बताता, जिनमें से काफी बातें माँ शाम को पिताजी को बतातीं। लेकिन कई बार वे उसी दिन कुछ भी नहीं कहती थीं। मैं हैरान होकर पूछता था, 'माँ, आपने आज पापा से क्यों नहीं कहा?' तो वे कहतीं, 'हर बात को कहने का एक वक्त होता है।' यह बात आपने सेल्स या मैनेजमेंट की मीटिंग्स में ब्रीफिंग और डी-ब्रीफिंग के दौरान समझी होगी कि कब क्या कहना, कितना कहना और कब कुछ भी नहीं कहना है।

माँ मुझे घर में खिलौनों से खेलने से रोकती थीं, कहतीं—'बाहर जाकर खेलो। शारीरिक व्यायाम बहुत जरूरी है।' आजकल दफ्तरों में भी जिम बनाए गए हैं, ताकि दस घंटे कुरसी पर बैठनेवाले एक्जीक्यूटिव फिटनेस पर ध्यान दे पाएँ। माँ शाम के भोजन से पहले कुछ भी अटरम-शटरम खाने से रोकतीं। 'इससे भूख खुलकर नहीं लगेगी और खाना ठीक से नहीं खा पाओगे'—उनका तर्क होता था। इसे आज आहार विशेषज्ञ भी मानते हैं। रेडियो पर 'हवामहल' सुनते-सुनते हमारा भोजन हो जाता और नौ व सवा नौ के बीच हम सो जाते, सुबह फिर साढ़े पाँच बजे उठने के लिए।

**फंडा यह है कि दुनिया की सारी माँओं के पास इस तरह की समझदारी है। उनकी बातों को सुनकर आपको भी लगेगा कि वे दुनिया के किसी भी मैनेजमेंट गुरु से जरा भी कम नहीं हैं।**

☐

# आपकी सीख से किसी का नुकसान न हो

तीन साल की एक मुन्नी नाम की बच्ची थी। उसकी माँ एक दिन घर से बाहर थी। उस दिन उसके साथ-साथ उसके बड़े भाई की देखभाल की जिम्मेदारी भी उसके पिता पर आन पड़ी। मुन्नी को उसकी चाची ने टी-सैट अर्थात् कप-प्लेट और केतली आदि खिलौने दे रखे थे, जो उसके बड़े प्रिय खिलौने बन गए थे।

पिता अपने कमरे में थे और सायंकालीन समाचारों की दुनिया में खोए हुए थे। इसी बीच मुन्नी अपने पिता के उस छोटे कप में चाय लाई। दरअसल, यह सिर्फ पानी था और उसने कहा कि वह उनके लिए विशेष रूप से यह चाय बनाकर लाई है।

पिता ने बच्ची से चाय लेकर बड़ा उत्साह और खुशी जताई और मुन्नी की कोशिशों के लिए किसी तरह की उदासीनता नहीं दिखाई, जिससे कि वह हतोत्साहित महसूस न करे। उस कप से चाय की एक चुस्की भी ली। पिता ने कई कप चाय पी और मुन्नी पर प्रशंसा की झड़ी लगा दी। इसी बीच माँ ने घर का दरवाजा खटखटाया। पिता ने दरवाजा खोला और माँ को हॉल में ही ठहरकर मुन्नी की चाय लाने और पिलाने की गतिविधि देखने का इशारा किया। आखिर एक माँ-बाप के लिए मुन्नी इससे मनमोहक क्रिया-कलाप और क्या कर सकती थी? माँ ने प्रतीक्षा की। मुन्नी पिता के लिए विशेष रूप से तैयार फिर एक कप चाय लेकर हॉल में आई। माँ ने पिता को यह तथाकथित छोटे कप की पूरी चाय (पानी) पीते देखा। मुन्नी के कमरे में से जाने के

बाद माँ ने मुन्नी के पापा को कानाफूसी के अंदाज में पूछा, 'क्या आपके भेजे में यह बात एक बार भी नहीं आई कि मुन्नी यह चाय (पानी) टॉयलेट के नल के सिवा कहीं और से नहीं ला सकती, क्योंकि दूसरी जगहों पर पानी उसकी पहुँच से बाहर है।'

**फंडा यह है कि किसी को दिल से सकारात्मक प्रोत्साहन और सराहना दें, न कि उत्साहित करने के नाम पर उन्हें गुड़गोबर करने की सीख या पाठ।**

□

# जीवन है तो सबकुछ है

जिस समय बंगलूर और अहमदाबाद जैसे शहर आतंकवादियों की धमकी और बम धमाकों का सामना कर रहे थे, उसी दौरान देश की एक प्रख्यात शैक्षणिक संस्था आईआईटी के एक छात्र ने खुद अपनी हीलीला समाप्त कर ली। आखिर लोग इस तरह आत्महत्याएँ क्यों करते हैं?

बात स्पष्ट है कि आजकल जीवन के हर क्षेत्र में प्रतिस्पर्द्धा और कुछ हासिल करने के बढ़ते दबाव के कारण लोग ऐसी मनोदशा में पहुँच जाते हैं कि उनमें एक टूटन सी पैदा हो जाती है। साथ ही यह भावना भी घर करने लगती है कि उनका कोई भविष्य नहीं है। तब इससे मुक्ति के उपाय का एक सबसे आसान तरीका उन्हें आत्महत्या कर लेना ही लगता है। फिर भी एक सवाल यहाँ अनुत्तरित रह जाता है कि आखिरकार एक आईआईटी के छात्र के लिए आत्महत्या करने की नौबत क्यों आई, जिसका शानदार भविष्य बेसब्री से इंतजार कर रहा था? एक आईआईटी छात्र का कॅरियर ऐसा ही तो होता है। लेकिन लगता है, इतना ही काफी नहीं था। क्योंकि आईआईटी एक महान् संस्थान है और इसमें पढ़नेवालों पर अच्छे नतीजे लाने का उतना ही बड़ा दबाव भी होता है। यही इसका काला पक्ष है। इसी तरह का दबाव एमबीए कर रहे छात्रों पर भी होता है और इनके द्वारा भी आत्महत्या करने की घटनाएँ हो चुकी हैं। शिक्षा-प्रणाली में अति-आवश्यक सुधार किए जाने के विषय पर सुझाव देनेवाला मैं स्वयं को सही व्यक्ति नहीं समझता, लेकिन यह जरूर समझता हूँ कि कम-से-कम इसकी वजह से छात्रों में पैदा हो रहे तनाव और विषादजन्य आत्महत्याओं को रोकने के लिए लोगों में जागरूकता लाने में मदद कर सकूँ।

इस सच्चाई से मुँह नहीं मोड़ा जा सकता कि हर तरह की शिक्षा, नौकरियों

और कामकाज में दबाव होता है। कई बार दबाव हद से अधिक हो जाता है। लेकिन यहाँ पर इस बात की ओर भी ध्यान आकर्षित किया जा सकता है कि दुनिया में हम जिन भी महान् और सफलता की बुलंदियाँ छूनेवालों के बारे में प्रेरणादायी कहानियाँ और पुस्तकें पढ़ते हैं, पाते हैं कि उनपर भी असाधारण दबाव रहा, लेकिन उन्होंने कभी हार नहीं मानी, हिम्मत नहीं हारी। आजकल बाजार में प्रेरणास्पद किताबों की भरमार है, जिसमें हर समय के महान् लोगों के बारे में बड़ी प्रभावशाली बातें पढ़ने को मिलती हैं।

इनसे काफी कुछ सीखा जा सकता है। एक सहज सलाह यह दी जा सकती है कि इन किताबों के अलावा हम दैनिक जीवन में ऐसे लोगों के संपर्क में रहें, जो हमें उत्साहित करते हैं, हममें सकारात्मक सोच जगाते हैं और प्रेरित करते हैं। माँ-बाप और दोस्तों से भी उम्मीद की जाती है कि वे अपने बच्चों को प्रोत्साहित करें और समर्थन दें।

**फंडा यह है कि जीवन है तो सबकुछ है। हर चीज की शुरुआत करने से पहले जीवन होना पहली शर्त होती है। जीवन कितना भी कठिन हो और कितनी भी मुश्किल राह हो, यह हमें इसका हल ढूँढ़ने के हजार रास्ते उपलब्ध कराता है। शायद जीवन लेते समय, चाहे अपना ही क्यों न हो, हम यह भूल जाते हैं कि जीवन हमें अपनी मरजी से नहीं मिला है तो इसको लेने का हक भी हमारा नहीं है। एक हक है कि हम इसका इस्तेमाल अपनी मरजी से कर सकते हैं। इसको सफल बनाने का, यही जीवन का मतलब भी तो है, नहीं?**

□

# जो भी करो, भविष्य का ध्यान रखकर करो

एक शिक्षक थे। एक दिन उन्होंने एक बोतल से शहद निकालकर उसे एक पेड़ के तने पर लगाया। इस तरह वह अपने विद्यार्थियों को दिखाना चाहते थे कि किस तरह कीड़े-मकोड़े शहद के प्रति आकर्षित होते हैं। इस प्रैक्टिकल क्लास के बाद बच्चे और वह शिक्षक अपने-अपने घर चले गए, जबकि पेड़ पर लगा शहद कीड़े-मकोड़ों के साथ-साथ मधुमक्खियों को भी आकर्षित करने लगा। उन्हें तने से चिपका देख पड़ोस के एक किसान की बिल्ली अपना लोभ-सँवरण नहीं कर पाई और उन्हें पकड़ने की गरज से तने पर झपट्टा मारने लगी। बिल्ली को वहाँ देख एक-दूसरे किसान का कुत्ता उसे दबोचने आ पहुँचा। इस उछल-कूद में बिल्ली घायल हो गई।

बिल्ली को दर्द से चिल्लाती देखकर उसका मालिक वहाँ आ पहुँचा। उसने जब यह नजारा देखा तो वह कुत्ते को पत्थर से मारने लगा। अब कुत्ता दर्द के मारे जोर-जोर से कराहने लगा। उसकी आवाज सुनकर कुत्ते का मालिक आ पहुँचा। देखते-ही-देखते पूरा का पूरा गाँव दो खेमों में बँट गया—कुत्ता-प्रेमी और बिल्ली-प्रेमी के रूप में। हालाँकि बाद में एक समझदार आदमी के बीच-बचाव करने से एक बड़ा झगड़ा होते-होते रह गया।

कॉरपोरेट जिंदगी में ऐसी घटनाएँ हर रोज सामने आती हैं, जहाँ कोई शख्स अपनी सोच और विचारों के अनुरूप कोई वक्तव्य देता है और जब वह किसी और के पास पहुँचता है तो वह दूसरा व्यक्ति अपनी सोच और विचारों के अनुरूप उसका अपनी तरह से नकारात्मक अर्थ निकालता है। उक्त कहानी का सार यही

है कि शिक्षक को कतई भान नहीं था कि उसका एक छोटा, मासूम सा प्रयोग एक गाँव के लिए झगड़े का सबब भी बन सकता है।

**फंडा यह है कि हम कुछ करने से पहले कुछ क्षण यह विचार अवश्य कर लें कि उसका भविष्य में क्या प्रभाव सामने आ सकता है। खासकर समाज के संदर्भ में, जब भी कोई वक्तव्य जारी करें तो उस क्रम में आगा-पीछा तो अच्छी तरह से सोच ही लें।**

□

# नजर का फेर

आमतौर पर किसी दृष्टिहीन व्यक्ति से मिलने पर आपको लगता है कि एक एचआर मैनेजर के तौर पर आप उसके साथ ज्यादा कुछ नहीं कर सकते या अपने उत्पादक व्यवसाय के लिए इसका इस्तेमाल नहीं कर सकते। वैसे भारत में दुनिया के किसी भी हिस्से से ज्यादा दृष्टिहीन बसते हैं। एक चौंकानेवाला तथ्य यह भी है कि देश में ऐसे लोगों की संख्या भी काफी ज्यादा है, जिन्होंने जन्म के बाद अपनी आँखों की रोशनी खो दी। इसका मतलब है कि जन्म के समय उनकी आँखें बिलकुल ठीक थीं।

सथियाक्मेह जयम चैरिटेबल ट्रस्ट चेन्नई स्थित एक संस्थान इन दृष्टिबाधित लोगों के लिए रोजगार का एक बेहतरीन जरिया लेकर आया। उसने अपने मसाज पार्लर में इन्हीं लोगों को नियुक्त किया है। मैं हाल ही में चेन्नई के केंद्र में स्थित केके नगर के इस मसाज पार्लर में गया, क्योंकि मुझे कुछ लोगों ने बताया था कि इस पार्लर में मसाज करनेवाले सभी शख्स दृष्टिहीन हैं।

वैसे यह वैज्ञानिक प्रमाण कि दृष्टिहीन लोगों में किसी चीज को छूकर महसूस करने की जबरदस्त क्षमता होती है। वे रुपए-पैसे को छूकर ही पहचानते हैं और बता सकते हैं कि नोट 500 का है या 100-50 का। यही वजह है, जो उन्हें बेहतरीन मसाजर बनाती है।

इस ट्रस्ट द्वारा प्रशिक्षित छह दृष्टिहीन व्यक्तियों का पहला बैच इस पार्लर को चला रहा है और उन्हें एक बार की मसाज के लिए 75 रुपए मिलते हैं। वे आठ से दस घंटे की शिफ्ट के बाद रोज तकरीबन 450 रुपए घर ले जाते हैं। यद्यपि जिन गलत बातों के लिए मसाज पार्लर पिछले दिनों सुर्खियाँ बनते रहे हैं, उससे इस पेशे की प्रतिष्ठा पर नकारात्मक असर पड़ा है। लेकिन दृष्टिहीनों का यह

मसाज सेंटर शहर में धीरे-धीरे लोकप्रिय हो रहा है।

**फंडा यह है कि यदि आप ध्यान और पूरी गंभीरता से सोच-विचारकर सही व्यक्ति को सही काम पर लगाएँ तो किसी भी संगठन में आप बेहतर एचआर मैनेजर बन सकते हैं।**

□

# तय करें कि आपके पड़ोसी आप से ज्यादा खुशहाल हों!

शीर्षक पढ़कर आपको हैरानी होगी। हाँ, इस दावे को समझने के लिए आपको इस स्तंभ को पूरा पढ़ना होगा। जेम्स बेंडर ने अपनी पुस्तक 'हाउ टु टॉक वेल' में अवार्ड विनर मक्का उगानेवाले एक किसान का जिक्र किया है। हर वर्ष किसान मेले में यह किसान अपने मक्के को शामिल कराता और हर बार उसके विशालकाय आकार पर 'ट्रॉफी' जीतता। एक वर्ष संवाददाता ने इस किसान का इंटरव्यू लिया और बातचीत में उसने एक बेहद मजेदार बात जानी।

इंटरव्यू के दौरान संवाददाता को पता चला कि यह किसान अपने मक्के के बीज पड़ोसियों के साथ बाँटता है। इस पर उसने पूछा, 'तुम अपने पुरस्कृत होनेवाले मक्के के बेहतरीन बीजों को अपने पड़ोसियों के साथ कैसे बाँट सकते हो, विशेषकर जब वे भी इन बीजों से मक्का उगाकर तुम्हें प्रतिस्पर्धा पेश करते हैं?' किसान ने सपाट लहजे में कहा, 'क्या आप नहीं जानते कि मैं अपने बीज क्यों शेयर करता हूँ? हवा से पकी मक्का के परागकण दूसरे खेतों में फैल जाते हैं। अगर मेरे पड़ोसी किसान मुझसे कम गुणवत्ता वाली मक्का उगाएँगे तो उनके मक्के के परागकण मेरे मक्के की गुणवत्ता को सीधे तौर पर प्रभावित करेंगे। इसलिए यदि मैं अच्छी किस्म की मक्का पैदा करना चाहता हूँ तो मुझे अपने पड़ोसियों को भी अच्छी मक्का उगाने में मदद करनी होगी।'

सीधी सी बात है, वह किसान जिंदगी में परस्पर जुड़ाव के सिद्धांत से अच्छी तरह परिचित है। जब तक उसके पड़ोसियों की मक्का की गुणवत्ता नहीं

सुधरेगी, तब तक उसकी मक्का की गुणवत्ता भी नहीं सुधर सकती। इस कहानी के दूसरे पहलू पर गौर करें तो जो व्यक्ति शांति से रहना पसंद करते हैं, उन्हें अपने पड़ोसियों को भी शांति से रहने देने में मदद करनी चाहिए। जो व्यक्ति अच्छे से रहना चाहते हैं, उन्हें दूसरों को भी अच्छे से रहने में मदद करनी होगी।

आखिरकार किसी व्यक्ति की जिंदगी से जुड़े मूल्यों की अहमियत उससे संबंध रखनेवाले लोगों से भी होती है। वे व्यक्ति जो खुश रहना चाहते हैं, उन्हें खुशहाली तलाश रहे दूसरे लोगों की भी मदद करनी चाहिए।

**फंडा यह है कि यदि हम अपने लिए कुछ अच्छा चाहते हैं, तो उससे कहीं पहले हमें अपने पड़ोसियों के लिए अच्छा सोचना और करना पड़ेगा।**

□

# काम की प्रक्रिया ही सबसे महत्त्वपूर्ण

हममें से अधिकांश जो कुछ भी खाते हैं, उसको लेकर खासे चिंतित रहते हैं। इसका एक प्रमुख कारण यह है कि हम नहीं चाहते कि हमारे शरीर पर अतिरिक्त चरबी चढ़े। ऐसे में हम अकसर कोई भी खाद्य पदार्थ खाने से पहले अपनी जानकारी और देखी-सुनी बातों से प्राप्त ज्ञान के आधार पर उसका परीक्षण करते हैं। लेकिन इस प्रक्रिया में हम यह भूल जाते हैं कि उसे खाया किस तरह से गया है।

दुनिया भर के डॉक्टरों का कहना है कि हमें अपने खाने के तरीके पर ध्यान देना चाहिए, न कि उसमें कितनी कैलोरी है और उसका हमारे शरीर पर क्या असर पड़ेगा। अमेरिकन डायबिटिक एसोसिएशन के जर्नल में न्यूट्रीशन रिसर्चर्स की प्रकाशित रिपोर्ट के मुताबिक अगर हम आराम से खाना खाएँ तो इस प्रक्रिया से पेट भरने का अहसास जल्दी होगा और ऐसा करके हम कैलोरी की संख्या कम कर सकते हैं।

ऐसा करके महिलाएँ तो खाने के भरपूर आनंद के साथ 40 कैलोरी तक की कमी ला सकती हैं। फंडा यह है कि आपको भोजन सबके साथ करना पड़े या अकेले में, लेकिन असर तो खाने के तरीके से पड़ता है, वह भी आपके स्वास्थ्य पर। यह बात कॉरपोरेट जगत् पर भी लागू होती है। आपने निर्धारित समय में क्या काम किया है, से ज्यादा महत्त्वपूर्ण यह है कि आपने यह काम कैसे किया है।

हो सकता है कि निर्धारित समय में काम पूरा करना फौरी तौर पर जरूरी

हो और उससे तुरंत परिणाम भी मिल जाएँ, लेकिन सतत विकास के लिए कंपनियाँ अब इस बात को महत्त्व देने लगी हैं कि किसी काम को कराने की प्रक्रिया क्या रही। उनके लिए यह ज्यादा महत्त्वपूर्ण है।

**फंडा यह है कि आपने तय समय में क्या काम किया है, इससे ज्यादा महत्त्वपूर्ण यह है कि आपने यह काम कैसे किया है।**

□

# दिल दुखानेवाली बातों से बचें

कुछ दिन पहले बंगलूर के लाल बाग गार्डन में सुबह की सैर के वक्त मेरी मुलाकात अपने एक ट्रेनी रिपोर्टर से हुई, जो मेरी तरह वहाँ सुबह की सैर के लिए आया था। मैंने साक्षात्कार लेते वक्त उसके साथ बमुश्किल पंद्रह मिनट बिताए होंगे और उसके बाद परिस्थितियाँ कुछ ऐसी रहीं कि ऑफिस में भी मेरी उससे कभी मुलाकात नहीं हुई। हाय-हैलो के बाद हम अपने-अपने रास्ते चल पड़े और हमारे बीच एक फासला बरकरार रहा।

सौ-दो सौ मीटर का फसला तय करने के बाद मेरी मुलाकात एक और युवा पत्रकार से हुई, जो किसी टीवी कंपनी में था। उसकी पत्नी भी उसके साथ थी। चूँकि वह किसी दूसरे शहर में संवाददाता था, लिहाजा हम रुककर थोड़ी देर बात करने लगे। इसी समय वह ट्रेनी पत्रकार, जिससे मैं पहले मिला था, हमारे करीब आया और उसकी भी टीवी पत्रकार के साथ दुआ-सलाम हुई, चूँकि किसी न्यूज कवरेज प्रोग्राम के संदर्भ में वह पहले भी उससे मिल चुका था। यह उस ट्रेनी जर्नलिस्ट के लिए मेरे समक्ष अपनी नेटवर्किंग क्षमता को साबित करने के लिए बेहतर अवसर था, चूँकि मैं उसका बॉस था। वैसे टीवी जर्नलिस्ट उसे पहले तो पहचान नहीं पाया, लेकिन उसने उन कुछ पुराने वाकयों का हवाला दिया, जब वे दोनों एक-दूसरे से मिले थे, तब कहीं जाकर टीवी जर्नलिस्ट उसे पहचान पाया। चेहरे पर छोटी सी मुसकराहट बिखेरते हुए ट्रेनी जर्नलिस्ट ने संभवत: हमें प्रभावित करने के लिए उससे कहा, 'हैलो, आप काफी मोटे हो गए हैं।'

मैं उस शादीशुदा जोड़े के चेहरे को देखने लगा। उन्हें यह बात सुनकर

अच्छा तो कतई नहीं लगा। मैंने बात सँभालने के लिहाज से तुरंत कहा, 'कम ऑन, आखिर ये एक-दूसरे के साथ खुश हैं और यह खुशी व्यक्ति के शरीर में भी कुछ बदलाव लाती है, जिसे तुम मोटा होना कह रहे हो। मुझे नहीं लगता कि इनका वजन बढ़ गया है, बल्कि मैं तो यह कहूँगा कि इनकी सेहत काफी अच्छी हो गई है।' मैंने देखा कि उस जोड़े के चेहरों पर मुसकराहट लौट आई।

उनके जाने के बाद मैंने उस ट्रेनी रिपोर्टर को बुलाया और बताया कि उसकी बात का कितना गलत मतलब हो सकता था। उसने अपनी गलती मानी और उनसे माफी माँगने के लिए उनके पीछे चल पड़ा।

**फंडा यह है कि ऐसी कोई बात, जिससे हमें तो कोई फायदा न हो, लेकिन दूसरों को बुरी लगे, नहीं करनी चाहिए। ऐसी बातों को जितना संभव हो, टाला जाए।**

□

# कैसे भी हों हालात, कभी न मानें हार

अपने नए प्रोजेक्ट के लिए कुछ कर्मचारियों की भरती के सिलसिले में मैं हाल ही में बंगलूर में था। इस दौरान मैंने जिन 250 अभ्यर्थियों का इंटरव्यू लिया, उसमें मेरी मुलाकात एक बेहद आकर्षक व्यक्तित्व के धनी युवा से हुई। वह 27 साल का, खूबसूरत, गोरे रंग का और लंबे कदवाला था। वह सिर्फ अच्छे ढंग से बात ही नहीं कर रहा था, बल्कि उसने जिस तरीके से मजबूत अंदाज में मुझसे हाथ मिलाया, उससे मैं बेहद प्रभावित हुआ। वह पढ़ा-लिखा और आत्म-विश्वास से भरपूर उम्मीदवार था।

मैंने जब उसके प्रमाण-पत्रों पर नजर दौड़ाई और फिर एक-एक को ध्यान से देखने लगा तो मैंने पाया कि उसकी जिंदगी ने उसके बड़े ही कठिन इम्तहान लिये थे। जब वह स्थानीय कॉलेज में इंजीनियरिंग का तीसरा साल कर रहा था, तब उसके साथ एक बड़ा हादसा हो गया और इसके कारण वह छह माह तक कोमा में रहा। जब इससे बाहर आया तो उसका अपनी जिंदगी के सबसे क्रूर रूप से सामना हुआ। उसने हादसे में अपना एक पाँव खो दिया था और उसकी जगह वह जयपुर-फुट लगवा चुका था। कई फ्रेक्चर और अनेकानेक दूसरी समस्याओं से ग्रस्त उस हिम्मतवाले युवा को अस्पताल में दो साल रहने की सलाह दी गई। वह अपनी इंजीनियरिंग की डिग्री को हर हाल में पूरा करना चाहता था और अपनी समस्या लेकर जब कॉलेज गया तो उससे कहा गया कि उसे चौथे और पाँचवें साल की पढ़ाई कुल निर्धारित छह साल में ही पूरी करनी होगी, अन्यथा उसे अयोग्य माना जाएगा। वह यह पढ़ाई उस समय सीमा में करने में असमर्थ था।

परिणामस्वरूप उसे इंजीनियरिंग की डिग्री हासिल करने का सपना छोड़ना पड़ा। हॉस्पिटल में रहते हुए ही उसने फैशन का कोर्स दूरस्थ शिक्षा के माध्यम से किया। अस्पताल से बाहर आने के बाद उसने अपनी गारमेंट की फैक्टरी शुरू की और सफलतापूर्वक दो साल तक कारोबार चलाया। इस दौरान एक अच्छी शैक्षणिक डिग्री की जरूरत महसूस की तो उसने एमबीए करने का फैसला किया। लेकिन इसमें सबसे बड़ी बाधा यह थी कि उसे फुल टाइम देना था। इसके लिए उसने अपना गारमेंट बिजनेस एक स्थानीय उद्योगपति को अच्छे लाभ के साथ बेच दिया और एमबीए कोर्स के लिए कदम आगे बढ़ाया। उसने एमबीए कोर्स शानदार नतीजे के साथ पूरा किया। अब अपने आवेदन के साथ वह मेरे सामने था। मैंने उससे एक सवाल किया, 'आपका सबसे मजबूत और सकारात्मक पहलू क्या है, यानी आप क्या कर सकते हैं?' उसका जवाब था, 'आप मुझे कोई भी मुश्किल काम दें, मैं उसको करके दिखा दूँगा।' इसके बाद मैंने इस युवा से कहा, 'यू आर सिलेक्टेड।'

**फंडा यह है कि किसी भी स्थिति में हार न मानें, क्योंकि यदि आपमें कुछ कर दिखाने का जज्बा है, तो समझिए कि दुनिया आपके कदमों में है।**

□

# कभी हार नहीं मानो

जब दुर्भाग्य अपने साथ कठिन चुनौतियाँ लेकर आता है, तो सिर्फ बहादुर और कभी हार न माननेवाला व्यक्ति ही उनसे पार पा सकता है। इसकी पुष्टि मालविका अय्यर करती हैं। तमिलनाडु के कुंबकोणम में रहनेवाली मालविका के साथ तेरह वर्ष की उम्र में एक भयानक दुर्घटना हो गई, जिसने उन्हें शारीरिक रूप से काफी नुकसान पहुँचाया। उनकी जगह अगर कोई और होता तो वह पहले ही हार मान चुका होता, लेकिन उन्होंने हिम्मत नहीं हारी। आज वह बीस वर्ष की उम्र में दूसरों को सिखाती हैं कि जीवन की चुनौतियों से कैसे निपटा जाए।

बीकानेर में पली-बढ़ी मालविका ने अर्थशास्त्र की पढ़ाई नई दिल्ली के सेंट स्टीफेंस कॉलेज से पूरी की। उनके पिता बी. कृष्णा राजस्थान के वाटरवर्क्स में एक्जीक्यूटिव इंजीनियर हैं। मालविका की अच्छी-भली जिंदगी में 26 मई, 2002 को तूफान सा आ गया। बीकानेर की आयुध फैक्टरी में हुए भीषण विस्फोट की चपेट में आकर वह बाल-बाल बच तो गईं, लेकिन इस दुर्घटना में उनके दोनों हाथ जाते रहे, जबकि पैरों को भी गंभीर चोटें पहुँची थीं। अठारह माह अस्पताल में रहने और चरणबद्ध हुए कई ऑपरेशनों के बाद वह बैसाखी की मदद से चलने लगीं। उन्हें मेयो-इलेक्ट्रिक हाथ लगाए गए, ताकि वह रोजमर्रा के जरूरी कामों को अंजाम दे सकें।

इस आघात से उनके जीवन में क्रांतिकारी बदलाव आया। अपने अभिभावकों के सहयोग से मालविका ने चेन्नई में व्यक्तिगत विद्यार्थी के रूप में दसवीं की कक्षा उत्तीर्ण की। महज चार महीनों की पढ़ाई से वह 97 प्रतिशत अंक लाने में सफल रहीं। इसमें भी गणित और विज्ञान विषय में उन्हें सौ प्रतिशत तो हिंदी में 97 अंक मिले। इस प्रदर्शन के बलबूते पर मालविका ने पूरे राज्य में टॉप किया था। इस सफलता से उन्हें

आगे बढ़ने की प्रेरणा मिली। ग्यारहवीं कक्षा की पढ़ाई के लिए मालविका ने स्कूल में नियमित छात्र के रूप में दाखिला लिया। वहाँ उन्होंने अपनी अक्षमता को स्कूल की प्रतिदिन की पढ़ाई में आड़े नहीं आने दिया। अपने समर्पण और मेहनत के बलबूते मालविका बारहवीं कक्षा में 95 प्रतिशत अंक लाने में सफल रहीं।

वर्ष 2006 में मालविका ने दिल्ली के सेंट स्टीफेंस कॉलेज में प्रवेश लिया। वहाँ उन्होंने पढ़ाई के साथ-साथ संगीत की भी विधिवत् शिक्षा लेनी शुरू की। अपने बहुमुखी प्रदर्शन के बलबूते मालविका वाइल्ड लाइफ सोसाइटी से जुड़े एक एनजीओ की कॉर्डीनेटर बन गईं। इसके साथ ही उन्हें कॉमनवेल्थ सोसाइटी का एक्जीक्यूटिव सदस्य भी मनोनीत कर दिया गया। वन्य-जीवों के लिए काम करनेवाली इस संस्था के वार्षिकोत्सव 'प्रकृति' में उन्होंने वंचित तबके के स्त्री-पुरुष और बच्चों के साथ कंधे से कंधा मिलाकर काम किया। मालविका ने इन लोगों द्वारा जीविकोपार्जन के लिए बनाए गए जूट बैग्स, पर्स, साज-सज्जा की वस्तुओं और ग्रीटिंग कार्ड बिकवाने में उनकी मदद की। इसके लिए मालविका ने बाकायदा एक अभियान चलाया। सुनामी के बाद मालविका ने पीड़ितों को कपड़े और दवाएँ वितरित कीं। यही नहीं, मुंबई हमले के विरोध में दिल्ली में आयोजित शांति मार्च में भी उन्होंने हिस्सा लिया।

मालविका की जिंदगी हम सभी के लिए एक प्रेरणा है। यह हमें सिखाती है कि धैर्य और पूर्ण समर्पण सरीखे गुणों के साथ हम जिंदगी की बड़ी-से-बड़ी चुनौतियों और रुकावटों से पार जा सकते हैं। मालविका के प्रयास तारीफ के काबिल हैं। वह शोषित और वंचित तबके से जुड़े लोगों के अधिकारों के लिए आवाज बुलंद करती हैं। दिल्ली विश्वविद्यालय से सोशल वर्क में परास्नातक की पढ़ाई कर रही मालविका जीवन के मूलभूत उद्देश्य को स्थापित करती हैं। वह उद्देश्य है—संघर्ष करो, तभी आगे बढ़ सकोगे। अगर विषम परिस्थितियों के आगे घुटने टेक दिए, तो अस्तित्व ही खत्म हो जाएगा। हम मालविका के जीवन से यह सबक तो सीख ही सकते हैं।

**फंडा यह है कि जब संघर्ष करोगे, तभी आगे बढ़ सकोगे। अगर विषम परिस्थितियों के सामने घुटने टेक दिए, तो अस्तित्व खत्म होते देर नहीं लगेगी।**

□

# खुद को किसी से कम न समझें

राजस्थान के कोटा जिले के राकेश कुमार बंकर ने आईआईटी-जेईई 08 की परीक्षा पास की है। आप कहेंगे कि सैकड़ों नवयुवक ऐसी परीक्षाएँ पास करते हैं, फिर राकेश में दूसरों से अलग क्या है? दरअसल, राकेश की पृष्ठभूमि उसे दूसरों से अलग करती है, और यही उसको बाकी लोगों के लिए प्रेरणास्रोत भी बनाती है। राकेश के पिता कपड़ा बाजार में दिहाड़ी मजदूर हैं और माता कंस्ट्रक्शन साइट पर काम करती हैं। खुद राकेश ने कोटा से 50 कि.मी. दूर रावतभाटा के साप्ताहिक 'हाट बाजार' में कक्षा आठवीं से फल के ठेले पर दिहाड़ी मजदूरी पर काम किया है।

राकेश की कहानी किसी परीकथा से कम नहीं है। अपने माँ-बाप के इकलौते बेटे राकेश की पूरी स्कूली पढ़ाई उसके सफलता के सफर की दास्तान खुद बयान करती है। दसवीं की परीक्षा उसने 89 प्रतिशत अंकों में पास की तो बारहवीं की परीक्षा में उसने 79 प्रतिशत अंक हासिल किए।

इसके बाद वह क्या करे, इसके बारे में सोच ही रहा था कि उसके मित्रों ने उसकी पहचान एक स्थानीय सामाजिक कार्यकर्ता नीतिन कुमार से कराई। कुमार और उसके स्कूल टीचर ओमप्रकाश अरोरा राकेश को एक कोचिंग क्लास के संपर्क में लाए। यहाँ पर उसे सौ प्रतिशत छात्रवृत्ति मिली। माता-पिता ने और कड़ी मेहनत शुरू की और राकेश को उसकी आईआईटी-जेईई 08 की परीक्षा के लिए मदद की। राकेश ने भी जमकर मेहनत की और परिणाम यह हुआ कि उसने 450 की ऑल इंडिया रैंकिंग में अपनी जगह बनाई।

फंडा यह है कि खुद को कभी किसी से कम मत समझें। कदम आगे बढ़ाओ तो रास्ते अपने आप खुलते जाते हैं। राकेश इसकी जीती-जागती मिसाल है कि कैसे समाज के कमजोर वर्ग के छात्र गरीबी से जूझते और आत्महीनता की भावनाओं पर विजय पाते हुए भी अपनी मंजिल तय करते हैं और दूसरों के लिए प्रेरणास्त्रोत बनते हैं।

□

# विफलता ही सबसे बड़ी शिक्षक

किसी ने कहा है कि विफलता से जो सबक मिलता है, वह सफलता से कभी नहीं मिल सकता। हैरी पॉटर से चर्चित हुईं प्रख्यात लेखिका जे.के. राउलिंग ने इसी साल जब हॉवर्ड यूनिवर्सिटी में 'फ्रिंज बनिफिट्स ऑफ फेल्योर एंड इंपार्टेंस ऑफ इमेजिनेशन' विषय को संबोधन के लिए चुना तो कहीं-न-कहीं उनके दिमाग में यह उक्ति उमड़-घुमड़ रही होगी।

किसी भी कामकाज या जीवन में कभी भी खुद के विफल होने के काल्पनिक भय ने इनसान का कई कुपरिणामों से सामना कराया है। ये काल्पनिक भय सिर्फ विषादग्रस्त, भारी तनाव, हिंसा, रिश्तों के टूटने और आत्म-विश्वास के खोने तक ही सीमित नहीं हैं, बल्कि कई बार आत्महत्या तक की नौबत आ जाती है। यदि स्वयं की विफलता की महज कल्पना मात्र से इतना विध्वसंक हादसा हो सकता है तो संदेश साफ है कि शिक्षा जगत् को इस क्षेत्र में कुछ करने की आवश्यकता है, जिससे लोग अपनी जिंदगी में विफलता को सहजता से लें और इससे अनुभव लेते हुए आगे बढ़ना सीखें। इस सच्चाई से कोई मुँह नहीं मोड़ सकता, इसकी अनदेखी कर जाना समाज में तनाव की सबसे बड़ी वजह है। बच्चों, युवाओं और विभिन्न क्षेत्रों में काम करनेवाले पेशेवरों को इन चीजों के बारे में बताया जाना चाहिए और इस सिलसिले में उन्हें परामर्श देने की प्रणाली विकसित किए जाने की जरूरत है।

जब कभी हम किसी अपेक्षित नतीजे को हासिल करने में विफल होते हैं तो हमारे अंदर ऐसा अहसास पैदा होने लगता है कि शायद हमारा रास्ता गलत था।

**फंडा यह है कि हर विफलता से हमें सीख लेने की कोशिश करनी चाहिए। लगातार प्रयास करने के बाद ही बड़ा लक्ष्य हासिल होता है। वास्तव में हर नाकामी हमें कोई-न-कोई बड़ी सीख देकर जाती है।**

□

# सक्रिय रहने के लिए नई चुनौती स्वीकारें

जापानियों को हमेशा ताजी मछलियाँ ही पसंद आती हैं। हालाँकि दशकों से जापान के नजदीकी जलस्रोतों में मछलियाँ नहीं पनप रही हैं। अंततः जापानी आबादी को मछली की आपूर्ति सुनिश्चित करने के लिए मछलियाँ पकड़ने वाली नौकाओं का आकार बड़ा रखा जाने लगा, ताकि वे गहरे पानी के भीतर जाकर मछलियाँ पकड़कर ला सकें। मछुआरे जितने गहरे पानी में जाते, उन्हें उतने ही दिन लगते मछली पकड़कर किनारे पर लाने में। नतीजतन मछलियाँ ताजी नहीं रह पातीं और जापानियों को वह स्वाद नहीं आता, जिसके वे आदी हैं।

इस समस्या के समाधान के लिए फिशिंग कंपनियों ने नौकाओं पर फ्रीजर्स रखने शुरू किए। वे मछलियाँ पकड़ते और उन्हें फ्रीजर में डाल देते। अब वे मछली की सड़न को टालकर कई दिन तक गहरे पानी में मछलियाँ पकड़ सकते थे। हालाँकि अब भी जापानी ताजी और फ्रोजन मछलियों के स्वाद में अंतर को महसूस कर लेते, यानी उन्हें फ्रोजन मछलियाँ पसंद नहीं आईं। ऐसे में मछुआरों को घाटा सहकर उन्हें कम दामों पर बेचने को मजबूर होना पड़ा। यह देख फिशिंग कंपनियों ने अब नौकाओं पर बड़े-बड़े टैंक रखने शुरू कर दिए, वे मछली पकड़ते और उसमें डाल देते। यह अलग बात है कि कुछ देर तक ठहरे पानी में तैरने के बाद मछलियाँ सुस्त पड़ जातीं। इसकी एक प्रमुख वजह यह थी कि टैंक में मछलियों की संख्या इतनी ज्यादा हो जाती थी कि वे तैर ही नहीं सकती थीं। वे तैरने की कोशिश में थककर निस्तेज और सुस्त हो जातीं। हालाँकि वे जीवित रहती थीं, लेकिन जापानियों को उनके स्वाद में भी मजा नहीं आया, क्योंकि वे कई-

कई दिनों तक जीवित तो रहती थीं, लेकिन टैंक में निष्क्रिय पड़ी रहती थीं और जापानियों को ताजी व सक्रिय मछली खाने की आदत थी।

तब जापानी फिशिंग कंपनियों ने इस समस्या का समाधान कैसे किया? उन्होंने जापानियों तक ताजी मछली किस तरह पहुँचाई? यह रहा इसका समाधान—मछलियों में ताजापन बरकरार रहे, इसके लिए फिशिंग कंपनियों ने टैंक में एक छोटी शार्क भी छोड़ दी। मछलियाँ उससे बचने के लिए इधर-उधर तैरती रहती थीं। हालाँकि शार्क कुछ मछलियाँ जरूर खा लेती थी, लेकिन शेष मछलियाँ बिलकुल ताजी अवस्था में जापानियों की रसोई तक पहुँच जाती थीं।

यानी जब कार्यक्षेत्र में नीरसता आ जाए तो कोई चुनौतीपूर्ण काम हाथ में लीजिए। ये चुनौतियाँ हमें हमेशा सक्रिय रखेंगी, जिससे हमारा स्वास्थ्य भी अच्छा रहेगा। ठीक वैसे ही जैसे मछलियाँ शार्क से बचने के लिए इधर-उधर भागने से ताजादम रहा करती थीं।

**फंडा यह है कि सक्रिय और जिंदादिल रहने के लिए नई चुनौतियों को स्वीकारें।**

□

# बी पॉजीटिव जिंदगी का रवैया भी है

बात कई वर्ष पुरानी है, एक दुकान में किताबों की तलाश करते हुए मेरी निगाह एक शीर्षक पर पड़ी—'थिंकिंग अबाउट थिंकिंग।' मैंने बिना उसकी प्रस्तावना पढ़े उसे तुरंत ही खरीद लिया। कारण, किताब के शीर्षक ने मुझे अपने दर्शनशास्त्र के प्रोफेसर डॉ. धर्मेंद्र गोयल की याद दिला दी। इसके बारे में वह कई बार चर्चा कर चुके थे और जबलपुर यूनिवर्सिटी में हम छात्रों को ओशो यानी रजनीश भी पढ़ाया करते थे।

यह लगभग सौ पृष्ठों की छोटी किताब थी, जिसे मैं एक ही बार में पूरा पढ़ गया। यह अलग बात है कि पढ़ने के बाद लगा कि मुझे कुछ भी समझ नहीं आया है। मैं भ्रमित था और अपराध-बोध से ग्रस्त भी कि मेरी समझ कमजोर है। तब मुझे अपने उन प्रोफेसर साहब की याद आई और मैं उनकी खोज-खबर जुट गया। तब तक वह सेवानिवृत्त हो चुके थे, अत: हाथ में किताब लेकर मैंने उनके घर का रुख किया।

वहाँ पहुँचकर मैंने उन्हें अपनी दुविधा से अवगत कराया और किताब के तथ्यों को समझने के क्रम में मदद माँगी। उन्होंने तुरंत ही मुझे किताब में वर्णित एक-एक शब्द, वाक्य और पैरा के बारे में सोचने की सलाह दे डाली। उन्होंने कहा कि विचार प्रक्रिया को समझने की आदत डालनी होगी। पढ़ना वह क्रिया है, जो लिखे शब्दों के बारे में विचार करने से जुड़ी है। यह एक तरह से मनन करने की प्रक्रिया है। हर शब्द आप से कुछ कहता है, वह भले ही अच्छा हो या बुरा, लेकिन उसके प्रति आपका ध्यान अच्छी धारणा के साथ होना चाहिए।

आप जब किसी शब्द के सकारात्मक अर्थ के बारे में सोचते हैं तो आपकी विचार प्रक्रिया भी सकारात्मक हो जाती है। इतना कह चुकने के बाद मेरे उन विद्वान् प्रोफेसर ने गुरु ग्रंथ साहिब से कुछ लाइनें उद्धृत कीं, जिनका अर्थ इस प्रकार था—'अगर तुम ईश्वर की खोज में हो, तो उसे शब्दों में ढूँढ़ो।' उन्होंने इसे विस्तार से समझाते हुए बताया कि अच्छे शब्दों की मदद से ही कोई ईश्वर को पा सकता है। खराब या बुरे शब्द कभी भी ईश्वर तक लेकर नहीं जाते। मैं उनके घर से निकल जब अपने घर की ओर जा रहा था, तो समय या यूँ कहें कि सफर कब बीत गया, मुझे पता ही नहीं चला। उस पूरे छह किलोमीटर के दौरान मैं सिर्फ उनके कहे शब्दों पर ही गौर करता रहा। घर पहुँचकर मैंने एक बार फिर किताब पढ़नी शुरू की। एक-एक शब्द पर विचार करते हुए मुझे खासा रोमांच हो आया। नतीजतन मुझे उस किताब को खत्म करने में पूरा एक सप्ताह लग गया। उस किताब ने मुझे विचार प्रक्रिया, वह भी सकारात्मक विचार प्रक्रिया के बारे में एक नई दृष्टि दी।

**फंडा यह है कि बी पॉजीटिव सिर्फ ब्लड ग्रुप नहीं है, वह जीवन जीने का एक तरीका भी है।**

□

# अपनी इच्छाशक्ति मत हारो

मध्य प्रदेश के गुना जिले के रहनेवाले विक्रम शुक्ला बचपन से ही मोतियाबिंद से पीड़ित थे। अत: अपनी स्कूली पढ़ाई के दौरान ही वह कक्षा में ऐसे स्थान पर बैठते थे, जहाँ बाहर से प्रकाश कम-से-कम आता था।

इससे वह चीजों को आसानी से देख पाने में सक्षम थे। आठ वर्ष की उम्र में उन्होंने अपनी इस बीमारी के लिए सर्जरी का सहारा लिया, जिसने उस आँख के कॉर्निया को गंभीर रूप से क्षतिग्रस्त कर दिया। और तो और, चिकित्सकीय लापरवाही के कारण उनकी एक आँख में संक्रमण हो गया और उसकी रोशनी जाती रही। यह संक्रमण दूसरी आँख में भी फैल गया और उसकी रोशनी भी काफी हद तक कम हो गई।

इस दौरान वह अपनी बहन की पूरी मदद लेते रहे, जो उन्हें उनके विषय बोलकर सुनाया करती थीं। विक्रम इसे पूरी गंभीरता और तन्मयता से सुनते, ताकि उनकी बहन द्वारा पढ़कर सुनाए जा रहे पाठ की कोई बात छूट न जाए। उन्होंने ऐसे समर्पण का परिचय दिया कि अपनी बहन और अन्य रिश्तेदारों की मदद से स्कूली पढ़ाई पूरी कर ली। इसके बाद उनका मध्य प्रदेश इंजीनियरिंग प्रवेश परीक्षा में चयन हो गया और उन्हें उज्जैन इंजीनियरिंग कॉलेज में कैमिकल इंजीनियरिंग के पाठ्यक्रम में दाखिला मिल गया।

अपनी इंजीनियरिंग की पढ़ाई के अंतिम दिनों में उन्हें उनके मित्रों ने किसी विशेषज्ञ ऑप्थेल्मोलॉजिस्ट से मिलने और सर्जरी कराने की सलाह दी, ताकि उनका दृष्टिदोष कुछ हद तक दूर हो सके। हालाँकि विक्रम अपने बचपन के अनुभव के कारण इस सलाह पर अमल करने में हिचक रहे थे। फिर भी उन्होंने कोटा के एक ऑप्थेल्मोलॉजिस्ट से संपर्क किया, जिन्होंने विक्रम को न सिर्फ प्रेरित

किया, बल्कि सर्जरी के लिए तैयार भी किया। उस डॉक्टर पर पूरे विश्वास, किंतु भारी मन से विक्रम सर्जरी की प्रक्रिया से गुजरे, जिससे उनकी दूसरी आँख की नब्बे प्रतिशत रोशनी वापस आ गई।

फिलहाल वह भाभा एटॉमिक रिसर्च सेंटर मुंबई में ट्रेनिंग कर रहे हैं, जिसके पूर्ण होने के बाद उन्हें बार्क में ही अगले वर्ष नौकरी मिल जाएगी। विक्रम के ऑप्थेल्मोलॉजिस्ट का कहना है कि विक्रम की दृष्टि इसलिए वापस आ सकी, क्योंकि उनके पास अदम्य इच्छाशक्ति थी। साथ ही, वह दुनिया को हरसंभव ज्यादा-से-ज्यादा देखने के लिए कृत-संकल्पित थे। वह कहते हैं, 'अगर विक्रम बचपन की सर्जरी के बाद अपनी पढ़ाई छोड़ देते या उसके नकारात्मक परिणाम से नैराश्य में डूब जाते तो वे आज दुनिया नहीं देख सकते थे।'

**फंडा यह है कि अपनी इच्छाशक्ति कभी भी मत हारो। अंतिम समय तक प्रयास करते रहो।**

□

# एक व्यक्ति की मदद तो हर रोज ही करो

एक विकलांग लड़का अपने पिता के साथ बगीचे में चुपचाप बैठा वहाँ पड़ी बालू से खेल रहा था। दोनों के चेहरे से दुःख झलक रहा था, क्योंकि वह लड़का अन्य दूसरे बच्चों की तरह न तो खेल सकता था और न ही दौड़ सकता था। अपने बेटे को इस स्थिति में देख असहाय पिता भी खामोशी से उसका मुँह ताक रहा था। उसी समय वहाँ से उससे उम्र में बड़ा एक अन्य लड़का गुजरा, जिसे परिवार में यह शिक्षा दी गई थी कि दिन भर में कम-से-कम किसी एक व्यक्ति की मदद जरूर करो।

दुःखी लड़के को देख वह लड़का उसके पास गया और बोला, 'क्या तुमने कभी पक्षी की तरह उड़ने की कल्पना की है।' इस पर छोटे लड़के ने जवाब दिया, 'नहीं, लेकिन मैं कभी-कभी यह जरूर सोचता हूँ कि अन्य बच्चों की तरह दौड़ने-भागने और खेलने-कूदने में कितना मजा आता होगा।' इस पर बड़े लड़के ने कहा, 'यह तो बहुत दुःख की बात है। खैर, क्या हम दोस्त बन सकते हैं?' छोटा लड़का उत्साह से भरकर बोला, 'क्यों नहीं।' इसके बाद दोनों लड़के घंटों खेलते रहे। वे बालू से घर बनाते और मुँह से अजीब-अजीब आवाजें निकालते। उन आवाजों पर वह खुद ही दिल खोलकर जोर-जोर से हँसते। फिर उस छोटे लड़के के पिता उठकर एक ओर चले गए और कुछ देर बाद व्हीलचेयर के साथ आते दिखाई पड़े। यह देख उस बड़े लड़के ने उनके कान में फुसफुसाकर कुछ कहा, जिसे सुनकर पिता के मुँह से निकल गया, 'यह तो बहुत अच्छा रहेगा!'

अब वह लड़का छोटे लड़के की ओर मुड़ा और उससे बोला, 'तुम मेरे

इकलौते दोस्त हो, इसलिए मैं चाहता हूँ कि तुम भी दूसरों की तरह दौड़-भाग सको। लेकिन मैं ऐसा करने में असमर्थ हूँ, इसके बावजूद मैं तुम्हारे लिए कुछ और जरूर कर सकता हूँ।' यह कहकर वह उसकी तरफ पीठ करके झुक गया और उससे बोला कि वह उसकी पीठ पर चढ़ जाए। उस छोटे लड़के को अपनी पीठ पर लादने के बाद उसने दौड़ना शुरू किया। धीरे-धीरे उसकी रफ्तार बढ़ने लगी और देखते-ही-देखते हवा के तेज झौंके दोनों के मुँह से टकराने लगे।

इस अनुभव के साथ ही छोटे लड़के के दोनों हाथ हवा में हिलने लगे और चिल्लाकर वह अपने पिता से बोला, 'मैं उड़ रहा हूँ, मैं हवा में उड़ रहा हूँ।' यह दृश्य देख उस पिता की आँखों में आँसू आ गए। उसके बाद तो वह विकलांग लड़का हर रोज बगीचे में आने लगा और अपने दोस्त की मदद से हवा में उड़ने का अनुभव लेने लगा।

**फंडा यह है कि अगर हो सके तो कम-से-कम एक व्यक्ति की मदद तो हर रोज करो ही। कुछ ऐसा करो, जिससे सामनेवाले को अपना जीवन अर्थपूर्ण लगने लगे।**

□

# परिवार पैसे से ज्यादा कीमती है

एक व्यक्ति काम से थका और चिड़चिड़ाता हुआ देर रात घर पहुँचा, जहाँ उसका पाँच साल का बेटा दरवाजे पर इंतजार कर रहा था। बेटे ने पूछा कि आप हर घंटे कितना कमाते हैं? इस सवाल पर पिता ने ध्यान नहीं दिया, लेकिन बेटे के बार-बार पूछने पर उन्होंने जवाब दिया, 100 रुपए/घंटा। बेटे ने कहा कि मुझे 50 रुपए दे दीजिए, इस पर पिता का जवाब था कि मैं टॉफियों पर रुपए बरबाद नहीं करूँगा। मायूस होकर बेटा अपने कमरे में जाकर लेट गया।

बेटे के सवालों से झुँझलाकर पिता का गुस्सा बढ़ चुका था। पिता ने सोचा कि थोड़े से पैसों के लिए वह इतने सवाल कैसे पूछ सकता है। एक-आध घंटे बाद उसका गुस्सा काफूर हुआ और वह सोचने लगा, हो सकता है कि बेटा इतने पैसों से कुछ जरूरी चीज खरीदना चाहता हो। वैसे भी बेटे की पैसे माँगने की आदत नहीं है। पिता ने जाकर उसके कमरे का दरवाजा खोला और कहा, 'शायद मैं पहले तुम्हारे प्रति ज्यादा कठोर हो गया था, दिन की लंबी थकान की खीझ मैंने तुम्हारे ऊपर निकाल दी। यह लो तुम्हारे 50 रुपए।' बेटा खुशी से उछलते हुए अपने तकिए के नीचे से कुछ रुपए निकालते हुए बोला, 'अब मेरे पास पूरे 100 रुपए हो गए हैं। क्या मैं कल आपका एक घंटा ले सकता हूँ? मैं आपके साथ डिनर करना चाहता हूँ।' इस पर पिता को अपनी गलती का अहसास हुआ, उसने बेटे को बाँहों में भर लिया और माफी माँगी। यह किस्सा काम के पीछे भागनेवाले कुछ लोगों के लिए सबक हो सकता है। काम या आगे बढ़ने के जुनून में हमें वक्त को हाथों में से जाने नहीं देना चाहिए। अपने खास

और दिल के करीब लोगों के लिए वक्त जरूर निकालिए। 300 रुपए के बराबर का वक्त अपने प्यारों के लिए रखिए।

**फंडा यह है कि कल अगर हम मर गए तो कंपनी दूसरे कर्मचारी के तौर पर हमारा विकल्प ढूँढ़ लेगी, लेकिन परिवार को जो नुकसान होगा, उसकी भरपाई संभव नहीं होगी।**

□

# समस्या उपयुक्त व्यक्ति के सामने रखें

एक व्यक्ति अपने बाल कटवाने नाई के पास गया। बाल काटने की शुरुआत होते ही दोनों में बातचीत भी शुरू हो गई। उन्होंने विभिन्न विषयों पर बातें कीं और अंततः ईश्वर पर आ गए। नाई ने कहा, 'मैं नहीं मानता कि ईश्वर है।' अपनी मान्यता को तर्क प्रदान करते हुए वह बोला, 'अगर ईश्वर होता तो क्या इतने सारे बीमार लोग होते? क्या इतने सारे बच्चे अनाथ होते? अगर ईश्वर होता तो न इतना दुःख होता और न तकलीफ।'

ग्राहक ने उसकी बातें सुनीं, उस पर मनन किया, लेकिन व्यर्थ में विवाद न बढ़ाने के उद्‌देश्य से उसने चुप रहना ही बेहतर समझा। बाल कटवाने के बाद वह चला गया। बाहर आने पर उसने एक लंबे-गंदे बालों और बेतरतीब दाढ़ी वाले व्यक्ति को देखा। वह व्यक्ति अव्वल दरजे का लापरवाह और फूहड़ लग रहा था। यह देख वह वापस मुड़ा और दुकान में पहुँचकर नाई से बोला, 'क्या तुम जानते हो, नाई का भी कोई अस्तित्व नहीं है?' अचंभित नाई ने उससे पूछा, 'तुम यह कैसे कह सकते हो? मैं तुम्हारे सामने खड़ा हूँ और पेशे से नाई हूँ। अभी-अभी मैंने तुम्हारे बाल काटे हैं।' ग्राहक यह सुनकर फिर बोला, 'नाई अस्तित्व में नहीं होते। अगर होते तो दुनिया में किसी भी व्यक्ति के बाल लंबे न होते, दाढ़ी बेतरतीब नहीं होती, जैसा कि बाहर खड़े व्यक्ति को देखकर समझा जा सकता है।' नाई बोला, 'नाई तो होते हैं, लेकिन वह क्या करें, जब कोई उनके पास ही न आए?' इस पर ग्राहक उल्लसित स्वर में बोला, 'यही तो मैं भी कहना चाह रहा हूँ। ईश्वर है, अब अगर कोई उसके पास ही न जाना चाहे तो वह क्या करे?

वह क्या कर सकता है जब कोई उससे प्रार्थना ही न करे? इसीलिए तो दुनिया में इतने दुःख और तकलीफ हैं।' प्रबंधन के स्तर पर कहा जाए तो जब तक समस्याएँ उनके सामने नहीं आएँगी, उनका समाधान कैसे होगा?

**फंडा यह है कि अगर कोई समस्या है तो उसे उपयुक्त और सक्षम अधिकारी के समक्ष ही उठाएँ।**

□

# जहाँ जरूरी है, वहाँ धैर्य रखें

एक अस्सी साल के वृद्ध सज्जन अपने उच्च शिक्षा प्राप्त 45 वर्षीय बेटे के साथ सोफे पर बैठे हुए थे। अचानक एक कौआ खिड़की पर आकर बैठ गया। इस पर पिता ने अपने बेटे से पूछा, 'यह क्या है?' बेटे ने जवाब दिया, 'कौआ।' कुछ मिनट के बाद पिता ने फिर पूछा, यह क्या है? अब बेटे ने कहा, 'पिताजी, अभी आपको बताया तो कौआ है।' कुछ क्षण बाद उस वृद्ध पिता ने अपने बेटे से तीसरी बार पूछा, 'यह क्या है?' इस बार थोड़ी झुँझलाहट के साथ बेटे ने जवाब दिया, 'यह कौआ है…कौआ…कौआ।'

कुछ देर बाद पिता ने चौथी बार बेटे से फिर वही प्रश्न दोहरा दिया, 'यह क्या है?' इस बार बेटा पिता पर चिल्लाता हुआ बोला, 'आप मुझे एक ही प्रश्न बार-बार क्यों पूछ रहे हैं? मैं आपको इतनी बार बता चुका हूँ कि यह कौआ है। क्या आपको इतनी सी बात समझ में नहीं आती?' यह सुनकर कुछ देर चुपचाप बैठे रहने के बाद पिता अपने कमरे में गए और एक बेहद पुरानी जीर्ण-शीर्ण डायरी लेकर लौटे। उन्होंने वह डायरी तब लिखनी शुरू की थी, जब वह बेटा पैदा हुआ था। उन्होंने डायरी का एक पृष्ठ खोला और अपने पुत्र को दिखाते हुए उसे पढ़ने को कहा। जब पुत्र ने उस पृष्ठ को पढ़ना शुरू किया तो उसमें लिखे ये शब्द सामने आए, 'आज मेरा तीन वर्ष का बेटा मेरे साथ सोफे पर बैठा हुआ था, जब एक कौआ आकर खिड़की पर बैठ गया। मेरे बेटे ने मुझे 23 बार पूछा कि वह क्या है और मैंने पूरे 23 बार उसे जवाब दिया कि वह कौआ है। उसने जितनी बार मुझसे यह प्रश्न पूछा, उतनी बार मैंने उसे गले से लगाया। मुझे बार-बार एक ही प्रश्न पूछने पर जरा भी झुँझलाहट नहीं हुई, बल्कि उतनी बार मुझे उस पर प्यार आया।'

जब उससे छोटे बेटे ने 23 बार एक ही प्रश्न दोहराया तो पिता को उसे जवाब देने में कोई झुँझलाहट नहीं हुई। आज जब उसी पिता ने वही प्रश्न अपने बेटे से चार बार ही पूछा तो बेटा झुँझला उठा। वह झल्लाने और गुस्सा करने लगा।

**फंडा यह है कि जैसा हमारा विश्वास है कि वृद्धावस्था बचपन की ही पुनरावृत्ति होती है, तो फिर हमें धैर्य नहीं खोना चाहिए। खासकर उन स्थितियों में, जहाँ उसकी महती आवश्यकता होती है।**

☐

# खुशहाल लोगों को जिंदगी में सबकुछ नहीं चाहिए होता

एक युवती अपनी माँ के पास गई और उन्हें बताया कि किस तरह उसकी जिंदगी और स्थितियाँ उसके लिए दुरूह बन गई हैं। उसने अपनी माँ से कहा कि वह अब इतनी सारी विषम स्थितियों से लड़ते-लड़ते थक चुकी है। जैसे-तैसे एक समस्या का हल मिलता है तो दूसरी समस्या सिर उठा लेती है।

अपनी बेटी की बात सुनने के बाद उसकी माँ उसे रसोई में लेकर गई। उसने वहाँ तीन बरतनों में पानी भरा और उन्हें तेज आँच पर चढ़ा दिया। देखते-ही-देखते पानी उबलने लगा। यह देख माँ ने पहले बरतन में गाजर डाल दी, दूसरे में अंडे और तीसरे बरतन में कुचली हुई कॉफी बीन्स डाल दीं। इसके बाद वह चुपचाप बैठ उन्हें उबलते हुए देखने लगी। बीस मिनट के बाद उसने गाजर निकालकर एक अलग कटोरे में रख दी। फिर अंडे निकालकर दूसरे कटोरे में और कॉफी एक अलग कटोरे में रख दी। इसके बाद वह अपनी बेटी की ओर मुड़ी और उससे पूछा, 'बताओ तुमने क्या देखा?' इस पर युवती ने जवाब दिया, 'गाजर, अंडे और कॉफी।' यह सुनकर माँ अपनी बेटी को उन कटोरों के नजदीक लेकर गई और उससे गाजर छूने को कहा। युवती ने जब गाजर छुई तो उसे उसकी नरमी का अहसास हुआ। फिर माँ ने उससे कहा कि वह एक अंडे को तोड़े। युवती ने अंडे का छिलका उतारने के बाद उसे भीतर से कड़ा पाया।

अंततः माँ ने युवती से कॉफी का एक घूँट भरने को कहा। युवती एक घूँट भरते ही मुसकरा दी, क्योंकि उसे कॉफी की महक और स्वाद, दोनों अच्छे लगे थे। अब युवती ने माँ से पूछा, 'इसका क्या मतलब हुआ?' इस पर उसकी माँ

ने जवाब दिया कि इन तीनों ही चीजों ने एक जैसी विषम परिस्थिति का सामना किया और वह था—उबलता पानी। इसके बावजूद तीनों ने अलग-अलग प्रतिक्रियाएँ दीं। माँ ने आगे उससे पूछा, 'अगर कोई संकट तुम्हारे दरवाजे पर आए तो तुम्हारी प्रतिक्रिया कैसी होगी? गाजर की तरह, अंडे की तरह या कॉफी की तरह?'

इस पर विचार करें और बताएँ कि मैं इनमें से क्या हूँ? क्या मैं गाजर हूँ, जो कठोर प्रतीत होती है, लेकिन चुनौती आने पर नरम पड़ अपनी कठोरता खो देती है? क्या मैं अंडा हूँ, जो शुरुआत में कोई भी आकार ले सकता है, लेकिन जैसे ही गरमी पहुँचती है, बदल जाता है? क्या मैं अंडे के द्रव्य की तरह व्यवहार करता हूँ, जो मौत, ब्रेकअप या आर्थिक संकट के समय अकड़ या कठोर हो जाऊँगा? मेरा आवरण पहले ही जैसा रहेगा, लेकिन भीतर से मैं कठोर हो जाऊँगा? या फिर मैं कॉफी बीन्स जैसा हूँ? बीन्स ने गरम पानी तक को बदल दिया। एक ऐसी स्थिति को बदल दिया जो असहनीय थी, कष्टकारक थी।

पानी जब गरम हुआ तो मैंने अपना स्वाद और महक छोड़नी शुरू कर दी। अगर तुम कॉफी बीन की तरह हो, तो जब स्थितियाँ बदतर होंगी तो तुम और निखरकर अपने आस-पास की स्थितियों को भी बदल दोगे। जब कठिन वक्त आता है और दाँव पर बहुत कुछ लगा होता है तो तुम स्वयं को क्या अगले स्तर पर ले जा सकोगे? तुम अड़चनों या चुनौतियों का सामना कैसे करोगे? गाजर की तरह, अंडे की तरह या फिर कॉफी बीन्स की तरह? आपके पास खुश रहने के लिए पर्याप्त सुख हों और प्रफुल्लित रहने के लिए पर्याप्त आशा हो। खुशहाल लोगों के पास जरूरी नहीं है कि सबकुछ सर्वश्रेष्ठ ही हो। वे तो जो जैसा आता है, उसे अपने अनुकूल करते जाते हैं।

**फंडा यह है कि एक चमकदार भविष्य की नींव हमेशा बिसार चुके भूतकाल पर टिकी होती है। आप जीवन में तब तक आगे नहीं बढ़ सकते, जब तक आप अपनी पिछली असफलताओं और आघातों को भूल नहीं जाते।**

# छोटे प्रयास को भी कमतर मत समझो

एक दिन स्कूल से लौटते समय रमेश ने अपनी हमउम्र का एक और लड़का देखा, जिसके हाथों में ढेर सारी किताबें थीं। उस लड़के को साइकिल से आ रहे स्कूल के कुछ उपद्रवी लड़कों ने टक्कर मार दी। लड़का गिर पड़ा और उसका चश्मा भी छिटककर दूर जा गिरा। यह देख वे उपद्रवी लड़के हँसते हुए वहाँ से चले गए।

रमेश उस लड़के के पास पहुँचा, जिसका नाम सुनील था। रमेश ने चश्मा और बिखरी पड़ी किताबें समेटने में सुनील की मदद की। बातचीत में रमेश को पता चला कि सुनील उसके घर के ही पास रहता है। यह जानकर रमेश ने सुनील को अपने साथ फुटबॉल खेलने के लिए शाम को आमंत्रित किया। इस तरह वे दोनों अचानक दोस्त बन गए और उनकी दोस्ती का यह दायरा फुटबॉल खेलने वाले अन्य लड़कों के साथ बढ़ता गया। हालाँकि नए-नए दोस्तों के जुड़ने के बावजूद उनकी दोस्ती पर कोई असर नहीं पड़ा और वह पहले से भी अधिक गहरी होती गई। जब वे कॉलेज स्तर पर पहुँचे तो आगे की पढ़ाई के लिए उन्हें अलग-अलग शहर जाना था।

अतः उनकी जुदाई का वह दिन भी आ गया। दोनों ही परिवारों ने इस अवसर पर शानदार पार्टी दी। उस पार्टी में रमेश ने सुनील से अपनी पहली मुलाकात का किस्सा सुनाया और बताया कि किस तरह हाथ में ढेर सारी किताब लिये सुनील पर उसकी पहली नजर पड़ी थी। रमेश ने जानना चाहा कि सुनील हाथ में ढेर सारी किताबें क्यों लिये हुए था? इस पर सुनील ने उसे बताया कि

उस दिन वह आत्महत्या करने की सोच रहा था, क्योंकि स्कूल का कोई भी छात्र उससे बात नहीं करता था। इसलिए उस दिन वह स्कूल की ड्रॉअर से सारी किताबें निकालकर घर ले जा रहा था। इस पर रमेश ने अविश्वास भरी निगाहों से सुनील की ओर देखा, लेकिन उसने बोलना जारी रखते हुए आगे कहा, 'शुक्र है कि मैं बच गया। मेरे इस दोस्त ने मुझे ऐसा करने से बचा लिया।'

**फंडा यह है कि अपने क्रियाकलापों या प्रयासों की ताकत को नजरअंदाज मत करो और न ही उन्हें कमतर आँको। एक छोटा सा प्रयास भी किसी की जिंदगी बदल सकता है। भले ही वह बदलाव अच्छा हो या बुरा। ईश्वर ने हमें एक-दूसरे की जिंदगी के साँचे में इस तरह ढाला है कि किसी-न-किसी रूप में एक-दूसरे पर हमारा प्रभाव पड़ना अवश्यंभावी है।**

□

# कुछ ऐसा करो कि गर्व हो

दोनों हाथों का ट्रांसप्लांट कराने वाले एक जर्मन किसान ने पिछले दिनों कहा कि अविश्वसनीयता के आलम का स्थान खुशी ने उस समय ले लिया जब सर्जरी के बाद मैंने अपने दोनों हाथ फिर से महसूस किए। मेडिकल इतिहास में यह अपने किस्म का पहला मामला है। लगभग पाँच वर्ष पहले एक दुर्घटना में अपने दोनों हाथ गँवा देने वाले कार्ल मार्क ने कहा, 'मुझे तो विश्वास ही नहीं हो रहा है कि मेरे हाथों का ट्रांसप्लांट सफल रहा है।' खुशी के मारे 54 वर्षीय वह किसान पूरे अस्पताल में आधी बाँहों की कमीज पहनकर घूमता है, ताकि लोग देख सकें कि उसके दोनों हाथ उसे वापस मिल गए हैं। दो माह पूर्व पंद्रह घंटे तक उसका ऑपरेशन करने वाले डॉक्टर हाथों में नसों के विकास की प्रगति से संतुष्ट हैं। हालाँकि हाथों का पूरा इस्तेमाल करने लायक स्थिति आने में अभी भी उसे दो वर्ष का समय और लगेगा। मार्क के ऑपरेशन और इस अभियान का जिम्मा लगभग चालीस डॉक्टरों ने सँभाला है और उन सभी की एक बात ने मेरा ध्यान खींचा है। वह यह है—'हम सभी डॉक्टर हैं और अपनी ड्यूटी यानी मानवता की सेवा ही कर रहे हैं। फिर भी हम ईश्वर को धन्यवाद करते हैं कि हम मार्क के काम आ सके। ऐसा आज तक के चिकित्सकीय इतिहास में कभी नहीं हुआ है।' इस कारनामे को अंजाम देने के लिए उन्हें जिस किसी भी पुरस्कार और सम्मान से नवाजा जाएगा, वह एक अलग मसला है, लेकिन उन्हें अपनी पूरी जिंदगी इस बात का गर्व होता रहेगा कि वे कुछ ऐसा करने में सफल रहे, जो पहले कभी भी, किसी ने, किसी के लिए नहीं किया।

**फंडा यह है कि जिंदगी में कुछ-न-कुछ तो ऐसा करो, जो आपको पूरी उम्र गर्व की अनुभूति प्रदान करता रहे।**

□

# सही निर्णय सभी को अच्छा नहीं लगता

कुछ बच्चे रेल के दो ट्रैक पर खेल रहे थे। एक बंद था, जबकि दूसरा इस्तेमाल में आता था। बेकार ट्रैक पर सिर्फ एक लड़का खेल रहा था, जबकि दूसरे पर कई लड़के थे। अब सोचकर देखें कि एक रेलगाड़ी आ रही है और आपके पास ट्रैक बदलने की जिम्मेदारी है। ऐसे में आप रेलगाड़ी को बंद पड़े ट्रैक पर जाने देकर अन्य लड़कों की जान बचाएँगे या फिर आप उसे मूल ट्रैक पर जाने देंगे? हालाँकि पहले वाले निर्णय में उस बंद पड़े ट्रैक पर खेल रहे लड़के को कुर्बान करना पड़ेगा।

अधिकांश लोग रेलगाड़ी को बंद पड़े ट्रैक पर जाने देकर एक ही लड़के को कुर्बान करेंगे। तमाम लोगों की भी यही सोच हो सकती है। आखिर एक बच्चे की जिंदगी के बदले में शेष बच्चों की जिंदगियाँ बचती हैं तो यह भावनात्मक, नैतिक और तार्किक निर्णय ही हुआ। लेकिन क्या आपने यह सोचा है कि बंद पड़े ट्रैक पर खेलनेवाले लड़के ने भी सुरक्षित स्थान पर खेलने का सही निर्णय किया था? इसके बावजूद उसे अपने अज्ञानी दोस्तों की भूल के लिए कुर्बान होना पड़ेगा, जो जानते-बूझते इस्तेमाल में आ रहे ट्रैक पर खेलने गए।

इस तरह की दुविधा से हम लगभग हर रोज ही घिरते हैं। ऑफिस में, राजनीति में और लोकतांत्रिक समाज में छोटे समूह को ही बड़े समूह की खातिर कुर्बान कर दिया जाता है। इससे कोई फर्क नहीं पड़ता कि वह बड़ा समूह कितना ही मूर्ख क्यों न रहा हो और कुर्बान किया जा रहा छोटा समूह कितना ही बुद्धिमान् रहा हो। इस मामले में भी इस्तेमाल में लाए जा रहे ट्रैक पर न खेलने वाला एकमात्र

बच्चा भी कुर्बानी के लिए उपयुक्त पाया गया। अगर उसे कुर्बान कर दिया जाता तो शायद ही कोई उसके लिए आँसू बहाए, क्योंकि इस तरह इतने सारे बच्चों को बचा भी तो लिया गया।

हालाँकि यह किस्सा बतानेवाले विख्यात आलोचक लियो वेल्स्की जूलियन कहते हैं कि ऐसी स्थिति में वह ट्रैक नहीं बदलते। कारण, इस्तेमाल में लाए जा रहे ट्रैक पर खेलनेवाले बच्चे सच्चाई से भलीभाँति वाकिफ थे। वे ट्रेन के सायरन की आवाज सुनते ही ट्रैक से भाग खड़े होते। लेकिन यदि रेलगाड़ी को दूसरे बंद पड़े ट्रैक पर जाने दिया जाता तो वह बच्चा जरूर मारा जाता, क्योंकि वह तो सपने में भी नहीं सोच सकता था कि ट्रेन उसके ट्रैक पर आएगी। फिर वह ट्रैक संभवत: बंद ही इसलिए किया गया होगा, क्योंकि वह इस्तेमाल में लाने के लिहाज से असुरक्षित हो गया होगा। ऐसे में उस ट्रैक पर रेलगाड़ी जाने देकर हम उस बच्चे के साथ-साथ रेलगाड़ी के सैकड़ों यात्रियों की भी जान जोखिम में डालते। क्या यह सही रहता? अब इस पर विचार करें।

**फंडा यह है कि जो सही है, जरूरी नहीं है कि वह लोगों को अच्छा ही लगेगा। साथ ही जो लोगों को अच्छा लग रहा है, जरूरी नहीं है कि वह सही ही हो।**

□

# सकारात्मक शब्दों की ताकत

मुझे अच्छी तरह से याद है कि मेरी दादी मुझे बचपन से ही भाषा की ताकत सिखाती थीं। न सिर्फ मेरी दादी अच्छे से समझती थीं कि खास शब्द हमारे दिमाग में एक खास तस्वीर बनाते हैं, बल्कि वे यह भी जानती थीं कि जीवनपर्यंत सफलता के लिए शब्द की सही और प्रभावी योजना कितनी जरूरी है। इसी से जुड़ी एक रोचक घटना घटी, जब मैं आठ वर्ष का था।

बचपन में मैं और मेरे दोस्त पेड़ और खंभे पर चढ़ा करते थे। गाँव के अपने घरों में लकड़ी के लट्ठों से हम उलटे लटक जाया करते थे। ऐसे में मेरे एक दोस्त को एक दिन बीस फीट ऊँचे पेड़ की सबसे ऊँची शाखा पर उलटा लटककर झूला झूलते देख मेरी दादी को खास आश्चर्य नहीं हुआ। उस लड़के का छोटा सा दिमाग यह सोच नहीं पा रहा था कि शाखा टूट भी सकती है और इससे उसे चोट भी लग सकती है। उसे तो बस उतनी ऊँचाई पर झूला झूलने में मजा आ रहा था। अपनी माँ के साथ मेरे घर आया मेरा एक दोस्त रवि भी उसी पेड़ पर दस फीट की ऊँचाई पर लटक रहा था। इस दृश्य को मेरी दादी के अलावा रवि की माँ ने भी लगभग साथ-साथ देखा।

उसी समय हवा का एक बहुत तेज झोंका आया। हवा इतनी तेज थी कि पेड़ की शाखाएँ हिलने लगीं और उसकी पत्तियाँ टूट-टूटकर नीचे गिरने लगीं। मुझे याद है कि हवा की तेजी देखकर मेरी दादी ने चिल्लाकर कहा, 'बच्चो! पेड़ की शाखा को कसकर पकड़ लो।' इसके बाद मुझे रवि की चीख सुनाई पड़ी, क्योंकि वह पेड़ से गिरकर जमीन पर पड़ा कराह रहा था। इसके विपरीत पेड़ की

सबसे ऊँची डाल पर लटका मेरा दोस्त सकुशल नीचे उतर आया। दादी ने बाद में मुझे और मेरे उस दोस्त को बताया कि रवि क्यों गिर पड़ा और हम क्यों नहीं गिरे। वास्तव में जब हवा तेज हुई तो रवि की माँ ने चिल्लाकर कहा था, 'रवि, गिरना नहीं!' बस रवि गिरने की सोचकर पेड़ से गिर पड़ा था।

इस घटना के आधार पर मेरी दादी ने हमें सिखाया कि दिमाग को नकारात्मक तस्वीर सोचने में खासी दिक्कत का सामना करना पड़ता है। सच तो यह है कि जो लोग दिमाग में बनने वाली तस्वीरों पर यकीन करते हैं, वे कभी भी नकारात्मक खाका नहीं खींचते हैं। रवि के संदर्भ में न गिरने वाली बात ने पहले दिमाग में तस्वीर बनाई और उसे शाखा को पकड़े रहना है, जब तक वह यह सोचता, तब तक देर हो चुकी थी। जबकि मेरे दोस्त ने कसकर पकड़ने की बात सुनी, दिमाग में वही खाका खींचा और उसने डाल को कसकर पकड़ लिया, इसलिए गिरने से बच गया।

**फंडा यह है कि नकारात्मक शब्दों की तुलना में सकारात्मक शब्दों का प्रभाव कहीं गहरा और व्यापक होता है।**

□

# वृद्धावस्था का अर्थ दुःख कदापि नहीं

पिछले दिनों 'विश्व वृद्धजन दिवस' मनाया गया। 75 वर्ष या इससे अधिक आयु के कई लोग हैं, जो इस दौर में अपना अभिनव कॅरियर शुरू करते हैं, शादी करते हैं और हनीमून पर जाते हैं, स्कूबा डाइविंग या तैराकी सीखते हैं आदि-आदि। हाल ही में समाचारपत्रों में गुजरात के एक सज्जन यशवंत मोदी की कहानी प्रकाशित हुई, जिन्होंने 75 वर्ष की उम्र में शादी की। चूँकि छह माह बाद तक उन दोनों के ही बच्चे उनकी शादी से खुश नहीं दिखे, तो उन्होंने अपने रहने के लिए एक स्थान का बंदोबस्त करना ही उचित समझा। सिर छिपाने की व्यवस्था करने के बाद दोनों ने अपने लिए जरूरत की सारी चीजें फिर से जुटाईं। मोदी साहब की नई पत्नी 54 वर्ष की हैं। वे साइकिल से लेह गए और फिर स्कूबा डाइविंग सीखने की योजना बना रहे हैं। वृद्धावस्था का मतलब धार्मिक पुस्तकें पढ़ना और रक्तचाप को नियंत्रण में रखनेवाली गोलियाँ खाना भर नहीं है। न ही इसका यह मतलब है कि 'अब चलो तीरथ-धाम कर लिये जाएँ।' वृद्धावस्था का यह मतलब भी कदापि नहीं है कि हम उन लोगों को याद करते रहें, जो हमें छोड़कर परलोक सिधार चुके हैं। ऐसी तमाम चीजें हैं, जो जिंदगी के इस मुकाम पर भी की जा सकती हैं। खासकर वे जो आप समय के अभाव में नहीं कर पाए या पैसों की कमी या पारिवारिक समर्थन के अभाव में जो सपने अधूरे रह गए, उन्हें इस उम्र में पूरा किया जा सकता है। जीवन एक संपूर्ण चक्र है। यह किसी के लिए नितांत असंभव है कि वह ताजिंदगी नाखुश और असंतुष्ट रहे। जिंदगी में खुशी हम सभी के पास कभी-न-कभी आती

है। कुछ को यह जल्दी मिल जाती है और कुछ जीवन के उत्तरार्ध में इसका लुत्फ उठा पाते हैं।

**फंडा यह है कि वृद्धावस्था का मतलब निश्चित तौर पर शोक मनाना तो कतई नहीं है।**
**सभी की जिंदगी में वृद्धावस्था आती है। यह जीवन-चक्र का ही एक हिस्सा है। हमारे प्रयास होने चाहिए कि हम इस अवस्था में अपने अधूरे सपने पूरे करें। इस अवस्था का मतलब शोक तो कतई ही नहीं है।**

□

# ईमानदारी का कोई विकल्प नहीं

एक बादशाह अपना उत्तराधिकारी चुनना चाहता था। बजाय अपनी संतान या सहयोगियों में से चुनने के, उन्होंने कुछ अलग करने की सोची। उन्होंने एक दिन अपने राज्य के युवाओं को बुलाया और उनसे कहा, 'अब समय आ गया है कि मैं राजगद्दी छोड़ दूँ और अगले बादशाह का चयन करूँ। मैं अगला बादशाह तुममें से ही किसी एक को बनाना चाहता हूँ।' यह सुनकर बादशाह की संतान समेत युवा आश्चर्यचकित रह गए, लेकिन बादशाह ने उनकी परवाह किए बिना कहना जारी रखा, 'मैं आज तुम सभी को एक-एक बीज देने जा रहा हूँ। यह एक बहुत ही खास किस्म का बीज है। मैं चाहता हूँ कि तुम सभी इसको जमीन में बोओ और इसकी देखभाल करो। एक वर्ष बाद यह जब पौधा बन जाए, तब तुम लोग इसे लेकर मेरे पास आना। उस वक्त पौधे के आधार पर मैं अपना उत्तराधिकारी घोषित करूँगा।'

उन्हीं युवाओं में एक लैंग भी था। अन्य युवाओं की ही तरह उसे भी बादशाह से एक बीज मिला। उसे लेकर वह घर गया और सारी बात अपनी माँ को बताई। माँ ने उसके उत्साह को देखते हुए बीज को एक बरतन में लगाने में उसकी मदद की। लैंग हर रोज बीज को देखता और उसके विकास के लिए जरूरी खाद-पानी डाल उसकी अच्छी तरह से देखभाल करता।

तीन हफ्ते तक यही क्रम जारी रहा, इधर राज्य के बाकी युवा अपने-अपने पौधों की बात करने लगे थे। उनके बजाय लैंग अपने बीज को ही देखता और उसमें अंकुर न फूटते देख कुछ-कुछ चिंतित होने लगा। देखते-ही-देखते छह

महीने गुजर गए और लैंग के बीज से अंकुर नहीं फूटा। उसे लगता था कि उसकी देखभाल में कमी रह गई और उसका बीज मर गया। अब तक एक वर्ष होने को आया था और राज्य के प्रत्येक युवा के पास कोई-न-कोई पौधा था। लैंग के पास पौधा तो दूर, उसके बारे में बात करने लायक भी कुछ नहीं था। आखिरकार वह दिन भी आ पहुँचा जब सारे युवाओं को बादशाह के पास अपने-अपने पौधे दिखाने जाना था। वह बादशाह के दरबार में नहीं जाना चाहता था, लेकिन अपनी माँ के कहने पर खाली बरतन के साथ चला गया। दरबार में लैंग ने देखा कि हर कोई अपने पौधे के साथ वहाँ उपस्थित था। उसके खाली बरतन को देख कुछ ने उसका मजाक उड़ाया तो कुछ ने उसकी हिम्मत बँधाई।

धीरे-धीरे लैंग का नंबर भी आया और जब वह बादशाह के पास पहुँचा तो उन्होंने लैंग से उसका नाम पूछा। यह देख दरबार में उपस्थित सभी युवा लैंग पर हँसने लगे। इस पर बादशाह ने सभी को शांत कराया और लैंग की ओर देखते हुए बोले, 'अपने नए बादशाह का इस्तकबाल कीजिए, जिनका नाम है लैंग।' यह सुनकर लैंग को विश्वास नहीं हुआ। वह सोच रहा था कि उसके बीज में अंकुर भी नहीं फूटा, तो उसे बादशाह कैसे बनाया जा सकता है?

उसको असमंजस में पड़ा देख बादशाह बोले, 'एक वर्ष पहले मैंने इसी जगह सभी को एक-एक उबला हुआ बीज दिया था, जिसमें पौधा तो दूर, अंकुर भी नहीं फूट सकता था। सिवाय लैंग को छोड़कर तुम सभी आकर्षक पौधे लेकर मेरे पास आए। तुम सभी ने बीज से अंकुर न फूटते देख दूसरा बीज बो उसके पौधों को बड़ा किया और वही लेकर मेरे पास चले आए। लैंग ही वह एकमात्र ईमानदार और धैर्यवान् लड़का है, जो खाली बरतन लेकर मेरे पास लाया। इसीलिए नया बादशाह बनने लायक गुण सिर्फ इसी में हैं।'

**फंडा यह है कि अगर आप उबले हुए बीज से भी ईमानदारी का पौधा लगाते हो तो उसका फल जरूर प्राप्त होगा।**

□

# समर्पण का कोई विकल्प नहीं

पिछले दिनों मुझे जलगाँव के विधायक सुरेश दादा जैन से मिलने का अवसर प्राप्त हुआ। मुझे यह जानकर बहुत आश्चर्य हुआ कि साठ वर्षीय यह सज्जन पिछले 35 वर्षों से लगातार विधायक चुने जा रहे हैं। राजनीति की आवश्यकता बन चुके दलबदल सिद्धांत के तहत वे भी पार्टियाँ बदलते रहे हैं, लेकिन जलगाँव के मतदाताओं ने महाराष्ट्र विधानसभा में क्षेत्र की नुमाइंदगी के लिए उन्हें ही लगातार चुनकर भेजा है। इसकी वजह साधारण है, और वह यह कि लोग उन पर भरोसा करते हैं तथा दादा को अपनी जिम्मेदारी का भलीभाँति अहसास है।

मैं जब उनके साथ कुछ देर तक रहा तो मुझे एक और बात का आश्चर्य हुआ। उन्होंने गेटकीपर के रूप में शुरुआत कर सफल उद्योगपति तक का सफर तय किया है। उन्हें जमीनी हकीकत का भलीभाँति ज्ञान है। वे अपने 25,000 मतदाताओं को उनके नाम से जानते हैं। वह हर महीने अपने मतदाताओं के पास जाते हैं और उनसे पूछते हैं कि उन्हें शहर में और क्या-क्या सुविधाएँ चाहिए। औद्योगिकीकरण के लिहाज से जलगाँव कोई बड़ा शहर नहीं है, लेकिन सँकरी सड़कों पर दौड़ने वाली महँगी कारों के क्रम में यह राज्य के चंद रईस शहरों में शुमार होता है। इस शहर को इसी वर्ष एक छोटे एयरपोर्ट की सौगात मिलने वाली है। रेलमार्ग से यह राजधानी मुंबई से जुड़ा हुआ है।

इस विकास का श्रेय सुरेश जैन स्वयं को देते हैं और लोगों का भी विश्वास है कि आज शहर की जो तस्वीर है, उसमें रंग दादा ने ही भरे हैं। इस विधायक

का अपने क्षेत्र से एक अजब तरह के विश्वास का नाता है। मतदान की शैली समेत मतदाताओं की आदतों में आए बदलाव और रोजगार या व्यवसायगत जरूरतों के कारण सैकड़ों मतदाताओं के शहर छोड़ने के बावजूद सुरेश जैन लगातार चुनाव जीतते आ रहे हैं। यहाँ तक कि शरद पवार ने अपने ताकतवर उम्मीदवार तक को उनके खिलाफ खड़ा किया, लेकिन जीत सुरेश जैन को ही मिली। इससे पता चलता है कि सुरेश जैन स्थानीय लोगों की अपेक्षाओं पर खरे उतरे हैं। वह भी ऐसे दौर में, जब राजनीतिज्ञ चुनाव जीतने के बाद अपने क्षेत्र और उसके लोगों को भूल जाते हैं। तब सुरेश जैन का समर्पण ही उनकी जीत का मंत्र है।

**फंडा यह है कि समर्पण और अच्छे कार्य का कोई विकल्प नहीं है।**

□

# हर स्थिति में खुशी तलाशें

पिछले दिनों एक व्यस्त सुबह अपने डॉक्टर दोस्त से मिलने के लिए मै हुबली में था। सुबह करीब 8.30 बजे थे और एक अस्सी वर्षीय वृद्ध अपने अँगूठे के टाँके कटवाने के लिए वहाँ आए हुए थे। उन्होंने मुझे बताया कि वह जल्दी में हैं और उन्हें सुबह 9.00 बजे किसी और से मिलना है। जवाब में मैंने उनसे कहा कि वह डॉक्टर से मिल सकते हैं और मैं कुछ देर इंतजार करने को तैयार हूँ।

मैंने देखा कि डॉक्टर मित्र से मुलाकात के दौरान भी वह वृद्ध बार-बार घड़ी की तरफ देख रहे हैं। डॉक्टर इस दौरान अपने प्रारंभिक परीक्षणों में व्यस्त थे। परीक्षण के बाद डॉक्टर ने पाया कि घाव भर चुका है, तो उन्होंने एक नर्स को टाँके निकालने और ड्रेसिंग करने का निर्देश दिया। जब डॉक्टर इस वृद्ध के जख्म देख रहे थे तो मैं डॉक्टर के बगल में ही बैठा था। मैंने वृद्ध से उनकी जल्दबाजी का कारण पूछा। जवाब में उन्होंने बताया कि उन्हें अपनी पत्नी के साथ नाश्ता करने एक नर्सिंग होम जाना है। जब मैंने उनकी पत्नी के स्वास्थ्य के बारे में पूछा तो वृद्ध ने बताया कि उनकी पत्नी कुछ समय से नर्सिंग होम में है और वह अल्जाइमर्स से पीड़ित है। जब वह चलने को हुए तो मैंने उनसे पूछा कि क्या देर से पहुँचने पर पत्नी नाराज होंगी?

इस पर वृद्ध का जवाब था कि वह तो अब जानती ही नहीं है कि मैं कौन हूँ, पिछले पाँच वर्षों से वह मुझे पहचान नहीं पा रही है। हैरान होते हुए मैंने पूछा, 'इसके बावजूद आप अभी भी हर सुबह उनसे मिलने जाते हैं?' जवाब में वृद्ध मुसकराए और मेरा हाथ थपथपाते हुए बोले, 'भले ही वह मुझे भूल चुकी है, लेकिन मैं अब तक जानता हूँ कि वह मेरी कौन है।' इतना कहकर वह चले गए।

उनके जाने पर मैंने बड़ी मुश्किल से अपने आँसू रोके। मुझे अपने गले में कुछ फँसता सा महसूस हो रहा था। उस वक्त मैंने सोचा कि ठीक इसी तरह का प्यार तो मैं भी अपनी जिंदगी में चाहता हूँ। सच्चा प्यार न तो शारीरिक होता है, न ही रूमानी। दरअसल, सच्चा प्यार वही है जिसमें जो है, जैसा है, जैसा होगा या नहीं होगा, को पूरी संपूर्णता के साथ स्वीकार करने की ताकत हो।

**फंडा यह है कि खुश रहने वाले लोग अपनी जिंदगी में भले ही हर तरह के सर्वश्रेष्ठ तलाश लेते हैं, लेकिन जिंदगी केवल यही नहीं है कि आप बारिश में नृत्य किस तरह करते हैं?**

□

# जीवन छोटा है, उसे खूबसूरत बनाएँ

एक बिल्डिंग की सीढ़ियों पर एक अंधा लड़का अपने पैरों के पास हैट रखकर बैठा था। उसके हाथ में एक साइनबोर्ड था, जिस पर लिखा था—'मैं अंधा हूँ। कृपया मेरी मदद करें।' इसके बावजूद उसकी हैट में चंद सिक्के ही पड़े थे।

इसी बीच एक आदमी वहाँ से गुजरा। उसने लड़के के हैट में कुछ सिक्के डाले और उससे बोला—'मैं तुम्हारा साइनबोर्ड बदल रहा हूँ।' उसके जाने के बाद देखते-ही-देखते लड़के के हैट में ढेर सारे सिक्के आ गिरे। लोग अब बढ़-चढ़कर उसे सिक्के दे रहे थे। दोपहर को वही आदमी फिर उसे देखने आया तो पैरों की आहट पहचानकर लड़के ने पूछा, 'आप वही हैं न, जिन्होंने मेरा साइनबोर्ड बदला था? आपने उसमें क्या लिखा था?' अंधे लड़के के इस प्रश्न पर वह व्यक्ति बोला, 'मैंने उस पर सिर्फ सच ही लिखा था। बस मैंने अपने कहने का अंदाज कुछ शब्दों की मदद से बदल दिया था। मैंने उस पर लिखा था—आज का दिन बहुत अच्छा है, लेकिन मैं उसे देख नहीं सकता।' क्या आपको भी लगता है कि पहले और दूसरे साइन बोर्ड में एक ही बात कही गई थी?

बिलकुल, दोनों ही अन्य लोगों को उस अंधे लड़के के बारे में बता उसकी मदद को कह रहे थे, लेकिन पहले साइनबोर्ड में वही बात साधारण ढंग से कही गई थी, जबकि दूसरे में लोगों को यह समझाने की कोशिश की गई थी कि सौभाग्य से वे अंधे नहीं हैं।

**फंडा यह है कि आपके पास जो कुछ भी है, उसके प्रति ईश्वर को धन्यवाद दीजिए। रचनात्मक बनें। कुछ अलग तरह से और सकारात्मक सोचें। जब जिंदगी रोने के सौ अवसर उपलब्ध कराती है, तो हँसने के हजार मौके भी देती है। जीवन एक रहस्य है सुलझाने का। उसे समस्या की तरह लेकर उसका समाधान खोजने में न जुटे रहें।**

□

# गांधी-विचारधारा का व्यावहारिक पहलू

अभी हाल ही में मुझे यह खबर पढ़ने को मिली कि वर्ष 1920 में महात्मा गांधी द्वारा स्थापित गुजरात विद्यापीठ को गांधी-विचारधारा को प्रोत्साहन देने वाले विभाग को विवश होकर नए शिक्षा सत्र से बंद करना पड़ रहा है। वह भी ऐसे युग में जब गांधीजी की विचारधारा के और सार्थक होने की बातें भी की जा रही हैं। आखिर ऐसा क्यों? इसकी वजह यह रही कि इस विभाग को छात्र नहीं मिल रहे हैं। पिछले कुछ सालों से यह प्रवृत्ति साफ दिखाई देने लगी थी कि छात्रों का गांधी-विचारधारा में रुझान कम होता जा रहा है और इस विषय में पढ़ाई में उनकी रुचि खत्म होती जा रही है। गांधी-विचारधारा के पाठ्यक्रम को बंद करने के बारे में गुजराती प्रेस में जतिन देसाई अपने लेख में इस पर एक टिप्पणी भी करते हैं कि 'गांधीगिरी की बातें करने वाली 'लगे रहो मुन्नाभाई' जैसी फिल्मों की जबरदस्त सफलता और 'महात्मा गांधी की आत्मकथा' की बढ़ती माँग के बावजूद विद्यापीठ छात्रों को आकर्षित नहीं कर पाया।'

इस विरोधाभास को समझने के लिए 'लगे रहे मुन्नाभाई' जैसी फिल्म की सफलता के पीछे के राज को समझने की जरूरत है। मुझे याद है कि फिल्म के निर्देशक ने प्रोमो में उल्लेख किया था, कई लोगों ने मुझसे कहा कि वे फिल्म के चरित्र मुन्नाभाई से जितनी अच्छी तरह से परिचित हैं, उतना गांधी की विचारधारा से नहीं।

जनसांख्यिकी आँकड़ों के अनुसार भारत की 54 फीसदी जनसंख्या युवाओं की है और इस तरह से देखा जाए तो इनका जन्म आजादी के बाद हुआ। इस

तरह ये गांधी विचारधारा और दर्शन से बिलकुल अछूते रहे हैं।

दरअसल 'लगे रहो मुन्नाभाई' को इसलिए सफलता मिली, क्योंकि इसको आधुनिक संदर्भ में पेश किया गया, और इस तरह कि आम दर्शक उससे अपना रिश्ता कायम कर सकें। इसके अलावा, इसमें गांधी-विचारधारा को व्यावहारिक जामा पहनाते हुए उसे आम भाषा और हालातों में समझाया गया है। अंदाज मनोरंजन और फन वाला रहा। इसने कई पुरानी समस्याओं का समाधान ऐसे तरीके से पेश किया, जिसको हर कोई अपना सकता है।

**फंडा यह है कि विचारधारा, दर्शन और सिद्धांत तब तक लोगों को आकर्षित नहीं करते, जब तक उसके व्यावहारिक पहलू को सामने नहीं लाया जाता। विशेषकर ऐसे समय में जब लोग अपनी जिंदगी की छोटी-छोटी समस्याओं का हल ढूँढ़ने के लिए जद्दोजहद कर रहे हों और सत्ता प्रतिष्ठान को स्वयं से फुरसत न हो, तो उन्हें सैद्धांतिक बातें बिलकुल नीरस सी लगती हैं। गांधी-विचारधारा के समाधानकारक पहलू शायद नई पीढ़ी को उसकी ओर झुकाने में अधिक कारगर साबित हो सकते हैं।**

□

# चालाक लोगों को बुद्धिमत्ता दिखाएँ

एक बार कॉलेज के चार छात्र देर रात तक खेलते रहे। दूसरे दिन होने वाली टेस्ट परीक्षा की उन्होंने बिलकुल भी तैयारी नहीं की। दूसरे दिन सुबह उन्होंने एक योजना बनाई, चारों ने अपने कपड़ों व शरीर पर ग्रीस और धूल-मिटटी के दाग लगा लिये। वैसी ही हालत में चारों कॉलेज के डीन के पास पहुँचे और कहा कि पिछली रात को वे लोग एक शादी में गए थे, तभी लौटते समय उनकी कार का पहिया फट गया और वे पूरे रास्ते कार को धकेलकर लाए हैं। इसलिए हम ऐसी स्थिति में नहीं हैं कि टेस्ट परीक्षा दे सकें।

उनकी हालत को देखते हुए डीन ने उन्हें मोहलत देते हुए तीन दिन बाद फिर से टेस्ट परीक्षा में बैठने की इजाजत दे दी। चारों छात्रों ने डीन का शुक्रिया अदा किया और कहा कि वे लोग अगली परीक्षा के लिए तैयार होकर आएँगे। चार दिन बाद वे लोग डीन के सामने प्रस्तुत हुए। डीन ने उनसे कहा कि ये आप लोगों के लिए विशेष तौर पर आयोजित की गई परीक्षा है, अत: आप चारों को अलग-अलग कमरे में बैठना होगा। वे चारों तैयार हो गए, क्योंकि इन तीन दिनों में उन्होंने अच्छी-खासी तैयारी कर ली थी, परंतु वे इस बात से अनजान थे कि इस टेस्ट के माध्यम से उनका भविष्य तय होने वाला था।

टेस्ट परीक्षा के पेपर में 100 अंक के लिए केवल दो ही सवाल थे :

**सवाल-1 :** आपका नाम… ? (2 अंक)

**सवाल-2 :** कौन सा टायर फटा था?… (98 अंक)

(अ) आगे का बायाँ

(ब) आगे का दायाँ

(स) पीछे का बायाँ

(द) पीछे का दायाँ।

यह आईआईटी मुंबई के बैच सन् 1992-96 की सच्ची घटना है। वे चारों फेल हो गए, क्योंकि किसी का भी उत्तर एक-दूसरे से मेल नहीं खा रहा था।

**फंडा साफ है कि चालाक बनने वालों को मात देने का सबसे उत्तम तरीका उन्हें बुद्धिमत्ता से मात देना है।**

□

# प्रोत्साहन करिश्मा कर सकता है

दसवीं कक्षा में पढ़नेवाला एक विद्यार्थी था, उसकी उम्र 14 साल थी। वह दूसरे आम छात्रों जैसा ही था। अगर कोई फर्क था तो यह कि वह ऊँचे डील-डौल वाला और भारी-भरकम था। इसके कारण वह अकसर दूसरों पर रोब झाड़ता रहता था।

जनवरी का महीना था और बोर्ड की परीक्षाएँ नजदीक आ रही थीं। लेकिन इस छात्र का रवैया पढ़ाई के मामले में पहले जैसा बेफ्रिकी वाला था। उसके किसी भी सहपाठी को इस बात का भरोसा नहीं था कि वह एक भी पेपर में पास हो पाएगा। सत्र परीक्षाएँ समाप्त हुई थीं और हमेशा की तरह इस छात्र का जौहर दिखाई दिया। वह लगभग हर विषय में धराशायी हुआ था। पहला स्थान पाने वाले छात्र ने उसको इस बात के लिए लताड़ा भी कि उसकी वजह से स्कूल का नाम खराब होगा। इसके जवाब में छात्र ने नंबर वन महाशय की ऐसी धुनाई कर डाली कि उसे हॉस्पिटल में भरती कराना पड़ा। अगले ही दिन अध्यापक व अभिभावकों की बैठक थी। रोबीले छात्र की तो सिट्टी-पिट्टी गुम हो गई। उसे डर था कि पूरा स्कूल उसके और उसके माँ-बाप के खिलाफ हो जाएगा और उनकी बड़ी बेइज्जती की जाएगी। बैठक शुरू हुई और तीन घंटे तक छात्रों के प्रदर्शन की समीक्षा हुई। रोबीले छात्र की बारी आई। अध्यापिका ने कहा कि इस छात्र को थोड़े प्रोत्साहन और समर्थन की जरूरत है, फिर यह भी अच्छा करने लगेगा। बैठक के बाद वह छात्र टीचर के पास गया और उनसे पूछा, 'आपने मेरे बारे में सबकुछ जानते हुए भी ऐसा क्यों कहा?' इसका उत्तर टीचर ने सवाल पूछकर

दिया, 'तुमने प्रथम स्थान लाने वाले छात्र को क्यों पीटा?' उसने जवाब दिया— 'क्योंकि उसने कहा कि 'मैं फेल हो जाऊँगा।' टीचर ने कहा, 'उसको मारकर तुमने उसकी बात पर एक तरह से मुहर लगा दी है। यदि तुम उसे गलत साबित करना चाहते हो तो अच्छे ढंग से पढ़ाई करो और अच्छे अंक लाओ।' अगले तीन-चार सप्ताह तक इस रोबीले छात्र को किसी ने नहीं देखा। दरअसल, वह अपने घर के कमरे में जमकर अध्ययन कर रहा था। परीक्षा हुई और नतीजा भी आया। इस छात्र ने जिला मैरिट लिस्ट में 17वाँ और स्टेट मैरिट लिस्ट में 435वाँ स्थान पाया था।

**फंडा यह है कि थोड़ा सा प्रोत्साहन और प्रेम भरी डाँट-डपट पूरी जिंदगी की कहानी बदल सकती है।**

□

# क्रोध पर नियंत्रण बहुत जरूरी

एक आदमी दरवाजे पर खड़े अपने ट्रक को देखने के लिए बड़ी हसरत के साथ घर से बाहर निकला ही था कि उसने जो कुछ देखा, उसे अपनी आँखों पर विश्वास नहीं हुआ। उसका तीन साल का बच्चा मगन होकर ट्रक पर दनादन हथौड़े बरसाता हुआ उसके रंग और चमक को पलीता लगा रहा था। यह देखकर आदमी पर मानो भूत सवार हो गया। वह गुस्से से तमतमाते हुए यह भूल ही गया कि वह उसका अपना ही बच्चा है। उसने बच्चे को इतन जारे से धक्का मारा कि वह दूर जा गिरा। यही नहीं, उसने जमीन पर पड़े हथौड़े को उठाया व बच्चे के हाथों पर मारना शुरू कर दिया और उसे इतना मारा कि बच्चे की अंगुलियों का नामो-निशान मिट गया, लेकिन कुछ समय बाद जब उसका दिमाग ठंडा हुआ तो उसके अंदर का पिता जाग्रत् हुआ और उसकी कुचली अंगुलियों को बचाने के लिए तेजी से बच्चे को लेकर अस्पताल की ओर भागा, लेकिन दुर्भाग्य से बच्चे के दोनों हाथों की अंगुलियों को काटकर निकालना पड़ा।

जब सर्जरी के बाद बच्चे को होश आया और अपने हाथों में बैंडेज देखा तो बड़ी मासूमियत से उसने सामने खड़े अपने पिता से कहा, 'सॉरी पापा, मैंने आपके ट्रक को नुकसान पहुँचाया।'

फिर उसने पूछा, 'लेकिन पापा! मेरी अंगुलियाँ फिर कब वापस आएँगी?' बच्चे की इस बात ने आदमी को इतना आहत किया कि उसने घर जाकर आत्महत्या कर ली। जरा इस घटना पर ध्यान दें। अगर आपका बच्चा हो और कभी वह दुर्भाग्य से डिनर टेबल पर दूध गिरा दे या आपको असमय अपना बच्चा

चीखता हुआ मिले तो आप क्या करेंगे? ध्यान रहे—कोई कड़ा कदम उठाने से पहले अच्छी तरह उसके नतीजों पर गौर कर लीजिए। एक टूटे ट्रक को रिपेयर किया जा सकता है, लेकिन टूटी हड्डियों और आहत भावनाओं को जोड़ना तथा भरना काफी मुश्किल होता है। अकसर हम व्यक्ति और परफॉर्मेंस में अंतर की पहचान करने में गलतियाँ कर देते हैं। आदमी गलतियाँ करता है और हमें भी गलती करने की छूट है। मगर गुस्से में आकर हम जो कुछ भी कर जाते हैं, वे लंबे समय तक हमारा पीछा नहीं छोड़ती हैं।

**फंडा यह है कि गुस्से को खुद पर हावी होने का मौका न दें। यह भावनाओं का एक गुबार होता है, इसे खुद पर सवार होने की अनुमति न दें।**

□

# बच्चों की अभिरुचियों को पल्लवित होने दें

हाल ही में पुणे में मेरी मुलाकात सेवा सदन हाई स्कूल की प्रधानाध्यापिका राधिका ओगाले से हुई। सुश्री ओगाले की शिक्षण-कला संबंधी विचारधारा से मैं बहुत प्रभावित हुआ। यह प्रधानाध्यापिका अपने स्कूल के बच्चों को एक आदर्श और अनुकरणीय इनसान बनते देखना चाहती है। ऐसी सोच रखना कोई अनूठी बात नहीं लगती। हर माँ की यही इच्छा होती है। हर समर्पित अध्यापक ऐसा ही सोचता प्रतीत होता है। लेकिन मुझे सुश्री राधिका और दूसरों में जो फर्क दिखाई दिया, वह मेरे द्वारा उनसे पूछे गए सवालों के जवाब में नजर आया।

मेरा सवाल था कि आप बच्चों में अपेक्षित गुणों का विकास करना सुनिश्चित कैसे करेंगी? इसका जवाब मानो सुश्री ओगाले की जुबान पर ही था—'हर बच्चे को उसकी पसंद का खेल खेलने के लिए प्रेरित करें। इस दौरान आप सिर्फ एक बात को जानने की कोशिश करें कि बच्चे में कौन सी कलात्मक गुणवत्ता परिलक्षित हो रही है या उभरती हुई दिखाई दे रही है। फिर उसे आप बच्चे में विकसित होने का मौका और बढ़ावा दें। इससे भी अधिक महत्त्वपूर्ण बात यह है कि बच्चों को जीवन में कम-से-कम एक वाद्य-यंत्र बजाने के लिए प्रेरित करें, क्योंकि संगीत मानव आत्मा को सुकून ही नहीं देता, उसके जीवन में एक संगति भी लाता है। इसका असर बच्चे और वह जिस मानव समाज में रहता है, में एक समरसता का विकास करता है।' मैंने ऐसे उत्तर की उम्मीद बिलकुल नहीं की थी। जरा आप इस उत्तर में प्रयुक्त तीन शब्दों—खेल, वाद्य-यंत्र और कला पर ध्यान दें। इन तीनों का एक बच्चे के बहुमुखी विकास में महत्त्वपूर्ण योगदान

होता है। आप अपने दिल पर हाथ रखकर स्वयं पूछें—क्या कभी आपकी ऐसी इच्छा नहीं रही कि कोई खास खेल खेलना जानते या कोई वाद्य-यंत्र बजाना आता? क्या कभी आपके दिल में गायक, शायर या एक अभिनेता बनने की इच्छा नहीं हुई?

सुश्री ओगाले ने एक और बात कही कि बच्चों को स्काउट-गाइड और एनसीसी जैसे कार्यक्रमों और इस श्रेणी की कार्यशालाओं में शामिल होने का मौका दिया जाना चाहिए, जिससे वे जीवन की समस्याओं और जरूरतों से परिचित हो सकें।

**फंडा यह है कि मानव का विकास उसके जन्म से शुरू हो जाता है। उसके व्यक्तित्व के पूर्ण विकास और सही कॅरियर के लिए जन्मजात गुणों को विकसित होने का पूरा मौका दिया जाना चाहिए। यदि परिवार और शिक्षण-संस्थान अपनी-अपनी जिम्मेदारी समझें तो समाज की कितनी समस्याएँ जन्म लेने से पहले ही खत्म हो जाएँ।**

□

# दुनिया के बजाय स्वयं को बदलें

एक करोड़पति था। वह आँख के दर्द से काफी परेशान रहता था। उसने इसके लिए न जाने कितने डॉक्टरों से इलाज कराया। अनगिनत नेत्र-विशेषज्ञों से परामर्श किया। उसने बहुत सारी औषधियाँ खाईं और सैकड़ों की संख्या में इंजेक्शन लगवाए, लेकिन दर्द था कि जाने का नाम नहीं ले रहा था। मानो मर्ज बढ़ता ही गया, ज्यों-ज्यों दवा की।

आखिरकार उसने एक भिक्षु की शरण ली, जो ऐसे रोगियों के इलाज के लिए बड़ा मशहूर था। भिक्षु ने सबसे पहले उसकी समस्या को बारीकी से समझा। उसने करोड़पति को कभी-कभी हरे रंग पर अपना ध्यान केंद्रित करने की सलाह दी। इस दौरान किसी भी दूसरे रंग पर दृष्टि न डालने को कहा। इस सलाह पर करोड़पति ने पेंटरों का एक समूह बनाया और हरे रंग के ढेर सारे पीपे खरीदवाए। उसने पेंटरों से कहा कि वे हर उस चीज को हरे रंग में रंग डालें, कामकाज और घूमने-फिरने के दौरान जिनके उसकी नजर में आने की संभावना हो।

कुछ दिनों बाद जब वह भिक्षु करोड़पति से मिलने आया तो उसके नौकर हरे पेंट से भरी बालटी लेकर दौड़े और उसे भिक्षु के ऊपर उड़ेल दिया। ऐसा उन्होंने इसलिए किया, क्योंकि भिक्षु ने उस वक्त लाल कपड़े पहन रखे थे और अगर करोड़पति उन्हें देखता तो उसकी आँख का दर्द वापस आ जाता।

ऐसा करने की वजह जानकर भिक्षु चाहकर भी अपनी हँसी नहीं रोक पाया। उसने अमीर आदमी से कहा, 'अगर तुम इतना ताम-झाम और ऊटपटाँग उपाय करने के बजाय महज हरा चश्मा पहन लेते तो काम बन जाता। दीवारों, पेड़-पौधों

और घर के बरतनों व सामानों को हरे रंग में रँगने की जरूरत ही नहीं पड़ती। इसके साथ ही तुम बेवजह भारी-भरकम खर्च से भी बच जाते। तुम पूरी दुनिया को हरे रंग में पेंट नहीं कर सकते। हमें सिर्फ अपनी दृष्टि में बदलाव करने की जरूरत है, फिर दुनिया उसी रंग की दिखने लगती है।'

**फंडा यह है कि हमें दुनिया को बदलने की मूर्खता नहीं करनी चाहिए, इसकी बजाय स्वयं को बदलने की आवश्यकता है।**

□

# दूसरों का खयाल कैसे रखें?

आमिर खान की फिल्म 'तारे जमीं पर' में ईशान के पिता अपने बेटे के स्कूल में पहुँचते हैं और गर्व के साथ टीचर का किरदार निभानेवाले आमिर को बताते हैं कि ईशान की माँ ढेर सारे अनुसंधान कार्य में जुटी हुई है। इस अनुसंधान से कई नई औषधियों का निर्माण किया गया, जिससे ईशान की कई समस्याएँ सुलझाने में मदद मिली। ऐसे में आप यह न समझें कि हम अपने बेटे की परवाह नहीं करते। इस पर आमिर का जवाब होता है कि 'सही है, दूसरों का खयाल रखना चाहिए। यह बहुत अच्छी बात है, लेकिन दूसरों का खयाल इस तरीके से रखें कि उनमें आपके प्रति यह भरोसा जगे कि किसी भी हालत में आप उनके साथ डटकर खड़े होंगे। कभी-कभार आप उनके पास जाएँ और उन्हें किस करें। उनको गले लगाएँ और उन्हें इस तरह का पक्का आश्वासन दें कि जब भी उनको आपकी जरूरत होगी, आप उनके पास होंगे। जब वे गलती करें तो आप कहें, 'चलो कोई बात नहीं, मगर कोशिश करना कि ऐसी और यही गलती दोबारा न हो।' कई अवसरों पर बच्चों, युवाओं, बुजुर्गों को छूकर प्यार प्रदर्शित किया जाता है। खयाल रखने का यही अंदाज होता है।' हममें से कई प्यार का मतलब बॉय-फ्रेंड और गर्ल-फ्रेंड अथवा पति-पत्नी के बीच प्रेमपूर्ण संबंधों से लगाते हैं। कभी-कभी इसको महज सेक्स संबंधों के दायरे में समेटकर देखते हैं, लेकिन सच्चाई इससे अलग है। कई मध्यमवर्गीय भारतीय परिवारों को 'तारे जमीं पर' इसलिए बेहद पसंद आई, क्योंकि फिल्म की तरह गले लगाना, बच्चों को प्यार भरा चुंबन देना उनके सामान्य जीवन का हिस्सा नहीं है।

फंडा यह है कि किसी व्यक्ति की परवाह करने का मतलब सिर्फ इतना नहीं है कि आप बीमारी में उसकी देखभाल करते हैं, बल्कि स्वस्थ दशा में भी उसकी खोज-खबर रखना तथा उसके भावनात्मक व शारीरिक पहलुओं की चिंता करना भी इसके दायरे में आता है।

□

# दृढ़ इच्छाशक्ति के आगे सब झुक जाते हैं

छिहत्तर साल की अनपढ़ किंकरीदेवी को हिमाचल प्रदेश की आवाज के रूप में भी जाना जाता है। उन्होंने महज 500 रुपए के मासिक वेतन पर एक सफाईकर्मी के रूप में काम किया। उनकी शादी तभी हो गई थी, जब उनकी उम्र केवल 14 साल थी। महज 22 साल की उम्र में वे विधवा भी हो गईं। जवानी के दिनों में उन्होंने अपने जिले में जो हरियाली देखी थी, वह खनन कार्यों के कारण धीरे-धीरे नदारद होती जा रही थी। इसको बचाने के लिए उन्होंने 48 खदान मालिकों के खिलाफ जनहित याचिका दायर की। शुरुआत में किंकरीदेवी के इस काम को किसी ने गंभीरता से नहीं लिया। इसका कारण यह था कि उस वक्त वे कोई खास हैसियत नहीं रखती थीं और खुद अपनी गुजर-बसर बड़ी मुश्किल से कर पा रही थीं। खदान मालिकों ने उनके कदम को कोई खास तवज्जो नहीं दी। किंकरीदेवी की याचिका पर अधिकारियों ने भी जवाब न देकर गैर-जिम्मेदाराना रवैया अपनाया।

इतना होने के बाद भी किंकरीदेवी ने हार नहीं मानी। वे प्रदेश की राजधानी शिमला गईं और 19 दिनों की भूखहड़ताल पर बैठ गईं। अखबारों ने उनके बारे में खबरें छापना शुरू कर दिया। इस मामले को अदालत ने बड़ी संजीदगी से लिया और खनन कार्यों पर तत्काल प्रभाव से रोक लगाने का आदेश जारी कर दिया। पहाड़ियों को डाइनामाइट से उड़ाने का काम पलक झपकते ही रुक गया। इतना होते ही किंकरीदेवी के साथ दुर्व्यवहार किया जाने लगा, उन्हें धमकियाँ भी दी गईं। खदान मालिकों ने सर्वोच्च न्यायालय का दरवाजा खटखटाया, मगर किंकरीदेवी

के दृढ़ निश्चय के आगे वहाँ भी उन्हें मुँह की खानी पड़ी।

किंकरीदेवी का कहना था कि खनन गतिविधियों ने जलस्तर को खराब कर दिया है। हरियाली गायब होने लगी है और पारिस्थितिकी (इकोलॉजी) चौपट हो रही है।

हम अकसर लड़ाई बीच में यह सोचकर छोड़ देते हैं कि हम ताकतवर नहीं हैं। हम सिस्टम के आगे हथियार डाल देते हैं कि भला उसके आगे अपनी कहाँ चलेगी। हम कुछ बहाने भी ढूँढ़ लेते हैं। यह भी कहने लगते हैं कि अकेला चना भाड़ नहीं फोड़ सकता। मैं यहाँ पर फिल्म 'रंग दे बसंती' का जिक्र करना चाहूँगा, जिसमें फिल्म का नायक कहता है कि 'जिंदगी जीने के दो ही तरीके हैं। एक—जो हो रहा है, उसे वैसे ही होने दो, चुपचाप बरदाश्त करते रहो या फिर दूसरा—जिम्मेदारी उठाओ उसे बदलने की।' जरा सोचिए, यदि हम हारकर आजादी की लड़ाई को बीच में ही छोड़ देते तो क्या हमें आजादी मिल पाती?

**फंडा यह है कि जैसा रामकृष्ण परमहंस ने भी कहा है—'दृढ़ इच्छाशक्ति के आगे किसी को भी नतमस्तक किया जा सकता है।'**

□

# ईमानदारी भीतर से जन्म लेती है

एक कुली के लड़के से बंगलूर स्टेशन पर एक प्रख्यात लेखक की मुलाकात हुई। बातचीत के दौरान लड़के ने लेखक को बताया कि वह पढ़ना चाहता था, लेकिन पैसे की तंगी के कारण उसे कॉलेज की पढ़ाई बीच में ही छोड़नी पड़ी। यह सुनकर लेखक ने उसको फिर से पढ़ाई शुरू करने के लिए कहा और इसके लिए आर्थिक मदद की पेशकश की। लेखक ने लड़के से पूछा कि उसको अपने अध्ययन, ट्यूशन, बोर्डिंग आदि पर कितना खर्च करना पड़ेगा। लड़के ने बताया कि 300 रुपए प्रतिमाह। लेखक ने तुरंत लड़के को उसके छह माह के खर्च के लिए अपने पास से 1800 रुपए दिए और कहा कि छह माह के अंत में इतनी ही राशि उसे फिर मिल जाएगी। अब लड़के ने फिर से पढ़ाई शुरू कर दी। वादे के मुताबिक लेखक ने छह महीने बाद दूसरे टर्म के लिए 1800 रुपए का चेक लड़के को भेज दिया।

लेखक को लड़के का त्वरित जवाब मिला, जिसमें धनराशि भेजने के लिए गहरी कृतज्ञता व्यक्त की गई थी और बताया था कि पहली धनराशि में से उसने 300 रुपए की बचत भी कर ली थी। उसने बताया कि चूँकि उसका कॉलेज एक माह के लिए बंद था, इसलिए उस अविध के दौरान वह बोर्डिंग में रहने की बजाय घर पर ही रहा। इस वाकये का जिक्र सुधा मूर्ति की किताब 'अनमोल प्रसंग' में किया गया है। इस दास्तान से अनगिनत लोगों को लालच और असुरक्षा से निपटने की क्षमता जुटाने की प्रेरणा मिल सकती है। सबसे बड़ी बात यह कि हमें अपनी अवांछित लालसाओं को नियंत्रित और संयमित करने का भी दिशा-निर्देश मिल

सकता है। असुरक्षा और ईर्ष्या की भावना के वशीभूत होकर हम पैसा कमाने के शॉर्टकट के जाल में फँस जाते हैं।

**फंडा यह है कि ईमानदारी अंदर से ही पैदा होती है। इसकी घुट्टी नहीं पिलाई जा सकती।**

☐

# जीवन के अनूठे फलसफे

- जिंदगी में हमेशा जीत हासिल करना ही सबकुछ नहीं है, जीतने की चाह का भी अपना महत्त्व है।
- आपको और सफलता हासिल हो सकती है, बशर्ते आप यह सोचना छोड़ दें कि इसका क्रेडिट कौन ले जाता है।
- सबकुछ खो जाने के बाद भी 'भविष्य' आपके हाथों में होता है।
- झगड़े-झंझट में अधिक न उलझें, वरना शत्रु को आपके युद्ध-कौशल की भनक लग जाएगी।
- यदि आप किसी भी चीज के लिए अपना स्टैंड नहीं लेते हैं तो फिर हर चीज आपके हाथ से निकल जाएगी।
- यदि आप छोटी चीजों को अच्छे ढंग से निपटा लेते हैं तो निश्चित तौर पर बड़े काम भी बेहतर ढंग से कर सकने की क्षमता रखते हैं।
- बैठे-बिठाए अगर इनसान को जिंदगी में कोई चीज हासिल होती है तो वह है—बुढ़ापा।
- दूसरों पर अपना सिक्का जमाने के लिए मौका पहली बार में ही मिलता है, दूसरी बार नहीं।
- कुछ न करने वाले कभी गलतियाँ नहीं करते।
- कोई भी समस्या बॉस के पास तभी लेकर जाएँ, जब उसका समाधान भी आपके पास हो।
- बिना गलतियों के कुछ हासिल नहीं होता।

- दो तरह के लोग विफल होते हैं—एक वे, जो हमेशा सोचते रहते हैं और करते कुछ नहीं और दूसरे वे, जो हमेशा बिना सोचे काम करते हैं।
- दुनिया में सारी प्रगति अलोकप्रिय निर्णयों का फल है।
- आपके विचार ही आपकी दुनिया का निर्माण करते हैं। इनको बदलें तो आपकी दुनिया भी बदल जाएगी।
- समझ आपकी बुद्धिमत्ता की परिचायक है, न कि सीख हासिल करने की रफ्तार की।
- दुनिया में दो तरह के मूर्ख होते हैं—एक वे, जो बिना माँगे सलाह देते हैं और दूसरे वे जो उसे स्वीकार नहीं करते।
- आइडिया को मौत के घाट उतारने के लिए मीटिंग (बैठक) की बलिवेदी पर ले जाएँ।
- बिजनेस आधारित मित्रता हमेशा मित्रता आधारित बिजनेस से बेहतर होती है।

**फंडा यह है कि इस तरह के जीवन के फलसफे (सिद्धांत) आपको हमेशा सफलता की राह दिखाते हैं।**

□

# बच्चों के लिए विलासिता की विरासत न छोड़ें

महाभारत के एकलव्य की कहानी हममें से हर एक ने सुनी या पढ़ी होगी। द्रोणाचार्य ने जब गुरुदक्षिणा के रूप में एकलव्य से उसका दाहिना अँगूठा माँगा तो एकलव्य ने बिना किसी हिचक के अँगूठा काटकर दे दिया। इस कहानी की एक उत्तर-कथा भी है, हालाँकि इसके बारे में लोगों को कम ही मालूम है। इस कथा के अनुसार एक बार एकलव्य से पूछा गया कि क्या अपना अँगूठा गुरुदक्षिणा में देने को लेकर कभी उसे पछतावा हुआ?

एकलव्य ने इसका जो उत्तर दिया, उसमें सच्चाई झलकती है। यह सवाल उस समय किया गया था, जब एकलव्य मृत्यु-शैया पर था। एकलव्य ने कहा, 'हाँ, जीवन में सिर्फ एक बार पछतावा हुआ था। उस समय, जब पांडव द्रोणाचार्य को मारने आ रहे थे, गुरु द्रोणाचार्य अपने बेटे अश्वत्थामा की मृत्यु की गलत सूचना से आहत होकर युद्ध से विरत हो गए थे। एकलव्य ने कहा कि उस समय मैं पछता रहा था। वह बोला, 'अगर मेरा अँगूठा होता तो किसी-न-किसी को नुकसान पहुँचा सकता था।' इस कथा का संदेश हमारे लिए बिलकुल साफ है—क़िसी को कोई चीज दें, लेकिन देने के बाद फिर कभी उस पर पश्चात्ताप न करें। एकलव्य ने आने वाले शिष्यों की पीढ़ी के लिए जो विरासत छोड़ी, उसको सँभालना उनकी जिम्मेदारी है। एकलव्य को अपनी विरासत छोड़ने का कभी पछतावा नहीं हुआ। इस पृष्ठभूमि में यहाँ पर एक सवाल पैदा होता है कि हम जैसे सामान्यजन को अपने उत्तराधिकारी को विरासत में कितना बचाकर या छोड़कर जाना चाहिए, ताकि हमें फिर उसका पछतावा न हो?

कभी-कभी हम आने वाली एक, दो, तीन ही नहीं, सात-सात पीढ़ियों के लिए धन-दौलत छोड़कर जाने के बारे में सोचते हैं। लेकिन इस तरीके से क्या हम आगामी पीढ़ी से मेहनत करने और उसकी महत्ता को समझने का मौका छीन लेने का कुचक्र नहीं रच डालते हैं? उसे कायर बना डालने का सामान तैयार नहीं कर देते हैं। हम यह अच्छी तरह जानते हैं कि मेहनत और इससे मिला फल हमारी जिंदगी में खुशी का एक महत्त्वपूर्ण स्रोत होता है। दुनिया के धनकुबेरों में से एक वॉरेन बफेट इसका सटीक जवाब देते हैं—'अपने बच्चों के लिए इतनी विरासत छोड़ें कि उनकी मदद से वे जिंदगी में कुछ भी हासिल करना चाहें तो कर सकें, मगर इतना भी सौंपकर न जाएँ कि वे नाकारा होकर रह जाएँ।' देने की कला के बारे में संत कबीर कहते हैं—'जब घर में धन-दौलत बढ़ती है, जब नाव में पानी भरता है, तो उसे दोनों हाथों से बाहर फेंक दें।' यह सबसे बड़ी समझदारी की बात होती है।

**फंडा यह है कि यदि आप अपने बच्चों की रचनात्मकता और उनमें जिंदा रहने के लिए जरूरी जन्मजात हुनर को बनाए रखना चाहते हैं तो सावधान हो जाइए। उन्हें अनाप-शनाप और बेहिसाब सुविधाएँ मुहैया कराकर विलासिता और निष्क्रियता की ओर अग्रसर न करें। वरना आपके पास पछतावे के अलावा कुछ नहीं रहेगा, जैसा कि आजकल के माता-पिताओं को देखने को मिल रहा है।**

□

# खुद तय करें व्यक्तित्व विकास की राह

क्या आपने कभी इस बात पर विचार किया है कि आपकी मौजूदा जिंदगी में कुछ सुधार की गुंजाइश है? क्या आप अपनी इस दशा में सुधार के लिए जरूरी तकनीकों के बारे में जानना चाहते हैं? अगर हाँ, तो इसे जरूर पढ़ें—

- **भोर में उठने की आदत डालें और सूर्योदय का आनंद लें**—यह बिलकुल आसान और सहज उपाय है, मगर अचरज की बात है कि बहुत कम लोगों को ऐसा करते देखा जाता है।
- **ब्रेकफास्ट लें**—इससे आपके दिन की अच्छी शुरुआत होती है। इसे आप अपने दैनिक क्रियाकलाप और आत्मोत्थान की योजना में शामिल कर सकते हैं। दरअसल, आज के माहौल में यह बेहद जरूरी भी हो गया है। इससे आपको ऊर्जा मिलती है, परिणामस्वरूप आप अपना काम सहज ढंग से कर पाते हैं।
- **अजनबी लोगों के साथ मुसकराने का अवसर न चूकें**—आप अकसर नई-नई जगहों और दिशाओं में यात्रा पर निकलते हैं और आपकी मुलाकात हमेशा नए और अपरिचित लोगों से होती है। इस दौरान उनसे बातें करने या फिर महज आँखें मिलाने का अवसर मिलता है। फिर अनायास हमारे होंठों पर मुसकान बिखर जाती है, लेकिन शिष्टता और नैतिकता की चादर की आड़ में हम कई बार भावविहीन मुद्रा बनाए रखते हैं। इस तरह एक सहज मानवीय संबंध बनाने और जिंदगी में

मुसकराहट का रंग घोलने का ऐसा हसीन मौका हम गँवा देते हैं, जो हमारी सेहत और तनाव-मुक्ति के लिहाज से सहायक सिद्ध हो सकता है।

- **टालने की आदत से बचें**—कबीर के इस दोहे पर जरूर अमल करें, 'काल करे सो आज कर, आज करे सो अब। पल में परलय होयगी, बहुरि करेगा कब?'
- **दैनिक कामकाज को कार्यक्रम सूची के अनुसार करें**—इससे आपका काम सही समय पर नियमित रूप से पूरा होता है। आप हर काम को 'जरूरी है' समझकर करते हैं।
- **क्षमाशील बनें**—काल्पनिक या फिर वास्तविक गलतियों के प्रति क्षमाशीलता का परिचय दें। इसका मतलब यह है कि आप पुरानी बातों को भूलकर आगे बढ़ें और जिनसे गलती हुई है, उनके प्रति मन मैला न करें।
- **परोपकारी बनें**—दूसरों के लिए भी कुछ करने की आदत डालें। करुणा का व्यवहार करें।

इन अपेक्षाओं को किसी खास दिन या अपने जन्मदिन जैसी निश्चित तारीख पर अमल किए जाने के लिए न छोड़ें। इन्हें स्वस्फूर्त ढंग से करें, सोच-विचार कर नहीं। अपने मित्रों, परिचितों को कॉल करना या फिर गाहे-बगाहे उनसे मिलने के लिए समय निकालना ही उनके लिए काफी होता है। वे आपके प्रति कृतज्ञता के भाव से भर जाते हैं। इससे बदले में आपको भी वैसा ही सकारात्मक सहयोग और सद्भाव मिलता है।

**फंडा यह है कि अपने व्यक्तित्व के विकास में कौन से कदम उठाए जाएँ, यह आपको तय करना है। उपाय कई और विविध प्रकार के हो सकते हैं, जैसा कि ऊपर बताए गए हैं, मगर उन पर अमल करना आपके हाथ में है।**

□

# सच्चे मित्रों का साथ कभी न छोड़ें

एक व्यक्ति अपने कुत्ते के साथ सड़क के किनारे चहलकदमी कर रहा था। मनोरम प्राकृतिक दृश्य का लुत्फ उठा रहे स्वामी को अचानक ऐसा अहसास हुआ कि उसकी मौत हो रही है। वह इस मौत को आते हुए देख रहा था। वह देख रहा था कि जो कुत्ता उसके साथ चल रहा है, उसकी वर्षों पहले मौत हो चुकी है। उसे अचरज हो रहा था कि जिस सड़क पर चल रहा है, उसकी कोई मंजिल नहीं है। कुछ समय के पश्चात् वे दोनों सड़क के किनारे स्थित ऊँची सफेद पत्थर की एक पहाड़ी के पास पहुँचे। उसे वह उच्चकोटि का संगमरमर लग रहा था। इसके शीर्ष पर एक बड़ा सा मेहराब दिखाई दिया, जो सूर्य के प्रकाश में दमक रहा था।

स्वामी जब उस मेहराब के सामने पहुँचा तो उसे दूर एक शानदार फाटक दिखाई दिया, जो बिलकुल मणि-माणिक्य निर्मित लग रहा था। फाटक तक ले जाने वाली गली सोने से बनी लग रही थी। स्वामी अपने कुत्ते के साथ फाटक की ओर बढ़ा। वहाँ उसने फाटक के एक ओर डेस्क पर बैठे संतरी को देखा।

संतरी के करीब पहुँचकर उसने पूछा, 'कृपया बताएँ कि यह कौन सी जगह है?'

संतरी ने बताया, 'यह स्वर्ग का दरवाजा है सर!'

ओ हो, तो ये बात है।

'अच्छा, क्या आप हमें पानी उपलब्ध करा सकते हैं?'

'क्यों नहीं सर, आप कृपया अंदर आएँ। मैं आपके लिए आइस वाटर लेकर आता हूँ।'

अपने कुत्ते की ओर इशारा करते हुए उसने पूछा, 'क्या मेरा मित्र भी अंदर आ सकता है?'

'माफ करें सर, हमारे यहाँ जानवरों को स्वीकार नहीं करते।'

इस पर स्वामी ने एक पल सोचा, फिर अपने वफादार कुत्ते को गले लगाकर जी भरकर चूमा और अचानक बिना कुछ बोले सीधे पीछे मुड़ा तथा जिस रास्ते यानी सड़क से आया था, उस पर अपने कुत्ते के साथ आगे बढ़ गया। कुछ दूर चलने के बाद उसे एक दूसरी ऊँची पहाड़ी दिखाई दी। उसके शीर्ष पर चढ़ने के बाद उसे वहाँ धूल भरी पगडंडी मिली। यह पगडंडी ऐसे फार्म के फाटक की ओर ले जाती थी, जो बिलकुल वीरान दिखाई दे रहा था और किसी तरह की घेराबंदी भी दिखाई नहीं दे रही थी। फाटक के अंदर उसने पेड़ से पीठ टिकाए एक आदमी को किताब पढ़ने में मशगूल देखा।

'हैलो सर, क्या आप मुझे पानी देंगे?'

'हाँ, क्यों नहीं। वहाँ एक पंप है। आप अंदर आइए।'

'क्या मेरा मित्र (कुत्ता) भी अंदर आ सकता है?'

'ठीक है। पंप के पास एक कटोरा है, उसका इस्तेमाल कर सकते हैं।'

स्वामी और कुत्ता दोनों पानी पीकर फाटक के पास उस आदमी के निकट आ गए।

स्वामी ने पूछा, 'क्या आप बता सकते हैं कि यह कौन सी जगह है?'

'यह स्वर्ग है' जवाब मिला।

स्वामी ने कहा, 'बड़ी दुविधाजनक बात है। दूसरी तरफ की पहाड़ी वाले आदमी ने भी अपनी जगह को स्वर्ग बताया था।'

'ओह, आपका मतलब वह स्वर्णिम गली वाली जगह। वह स्वर्ग नहीं, नरक था।' स्वामी ने कहा, 'तुम्हें ऐसे शब्द कहते हुए शर्म नहीं आती?' 'नहीं सर, ऐसी बात नहीं है। आप तो उधर से लौटे हैं। आपको पता चल गया होगा कि वे चकाचौंध के बीच इनसान और इनसानियत को भूल जाते हैं।'

**फंडा यह है कि अपने मित्रों और चाहनेवालों को छल-कपट भरी दुनिया की चमक-दमक में कभी न भूलें।**

□

# तनाव के साथ-साथ इससे मुक्ति के उपाय भी हैं

**ए** **( आलवेज )**—हमेशा अपने लिए कम-से-कम 30 मिनट का समय निकालें।

**बी** **( बी अवेयर )**—तनाव की गंभीरता के प्रति 'सजग' रहें। तनाव कम करने के लिए काम के बीच में थोड़ा विश्राम लें और खुद को शांत होने दें।

**सी** **( कंसेंट्रेट )**—दूसरों की बजाय अपने आस-पास की स्थितियों पर नियंत्रण कायम करने पर 'ध्यान केंद्रित' करें।

**डी** **( डेली )**—प्रतिदिन व्यायाम करने से शरीर के अंदर मौजूद तनाव पैदा करने वाले रसायनों से मुक्ति मिलती है।

**ई** **( ईट )**—पर्याप्त मात्रा में ताजे फल, सब्जियाँ, रोटी-चावल इत्यादि खाने और पानी पीने से दिन भर के कामकाज के बाद भी शरीर को तरोताजा और फुर्तीला बनाए रखने में मदद मिलती है।

**एफ** **( फॉरगिव )**—दूसरों के प्रति 'क्षमाशील' और सहनशील बनें। दिल में खुन्नस पालकर न रखें। आखिरकार हर कोई आपकी तरह तो हो नहीं सकता।

**जी** **( गेन )**—किसी चीज के हर पहलू की समझ 'हासिल' करने की कोशिश करें।

**एच** **( हग )**—दूसरों को 'गले लगाएँ', उन पर अपना स्नेह लुटाएँ और

उनके साथ खूब दिल खोलकर हँसें। जिंदगी को मस्ती से जिएँ और अपने अनुभव बाँटने में जरा भी कंजूसी न बरतें।

**आई** **( आइडेंटिफाई )**—तनाव व चिंता पैदा करने वाले कारकों को 'पहचानें' और इनसे निपटने का रास्ता निकालें।

**जे** **( जज )**—अपने कामकाज की खुद 'समुचित समीक्षा' करें। अपनी हैसियत के अनुसार ही लक्ष्य का निर्धारण करें।

**के** **( कीप )**—सकारात्मक सोच 'रखें'। इसी आधार पर आपको परिणाम मिलते हैं और लोग आपके प्रति व्यवहार करते हैं।

**एल** **( लिमिट )**—अलकोहल, नशीले पदार्थ और दूसरे उत्तेजक पदार्थों को लेने की 'सीमा' तय करें। ये आपकी सोच-समझ और व्यवहार को प्रभावित करते हैं।

**एम** **( मैनेज )**—रुपए-पैसे का बराबर 'हिसाब-किताब' रखें। जरूरत पड़े तो दूसरों की सलाह लें और अपनी कमाई का कम-से-कम दस प्रतिशत बचाकर रखें।

**एन** **( नो )**—जिंदगी में 'न' कहने का सबक भी सीखना पड़ता है। यह बड़ी हिम्मत और गलतियों में सुधार करने की अदम्य इच्छा से आता है। जब 'न' कहें तो अपराध-बोध से ग्रसित न हों, इसका भी खयाल रखें।

**ओ** **( आउटडोर एक्टिविटीज )**—अकेले, परिवार अथवा मित्रों के साथ मिल-जुलकर किए गए कामकाज तनाव दूर करने में बड़े सहायक सिद्ध होते हैं।

**पी** **( प्ले )**—टीवी या वीडियो देखने के बजाय अपना पसंदीदा म्यूजिक 'बजाने' का आनंद क्यों नहीं लेते?

**क्यू** **( क्विट स्मोकिंग )**—यदि आप धूम्रपान के आदी हैं तो इसे त्याग दें। यह आपके शरीर को धीरे-धीरे अंदर से मारता ही नहीं, पूरे जिस्म को तनाव से भर देता है।

**आर** **( रिलेशनशिप )**—संबंधों को मजबूती और गहराई प्रदान करें और इसका पूरा लुत्फ उठाएँ। ज्यादा बोलने की बजाय अधिक सुनने और समझने की कोशिश करें।

**एस** **( स्लीप वेल )**—खुले वातावरण में बेहद नरम के बजाय थोड़े सख्त

गद्दे पर सोएँ और तकिए का भी सहारा लें। खूब गहरी नींद लें।

टी **( ट्रीट )**—सप्ताह में एक बार शरीर की मालिश, घर से बाहर का खाना और फिल्मों का जायका लेना न भूलें। अति में जीने की बजाय भगवान् बुद्ध के 'मध्यम मार्ग' का अनुसरण करें।

यू **( अंडरस्टैंड )**—चीजों को दूसरों की नजर से भी 'देखने-समझने' की कोशिश करें। शेरखाँ होने की खुशफहमी न पालें।

व्ही **( वेरीफाई )**—किसी भी अभियान पर निकलने से पहले सूचनाओं की सत्यता की पुनः 'जाँच' तो कर लें जनाब।

डब्ल्यू **( वरी )**—परेशान होने से इस दुनिया में कोई काम न तो जल्दी हुआ है, न ही किसी ने कोई करिश्मा कर दिखाया है, इसलिए इससे बचें।

एक्स **( एक्सप्रेस )**—अपने दल के करीबियों के साथ पसंदीदा जगहों पर जाते रहना, छुट्टियों को अपनी सालाना योजनाओं और बजट का हिस्सा बनाना जिंदगी में काफी हसीन लम्हे लाता है।

वाई **( इयर्ली गोल सेटिंग )**—कॅरियर, संबंधों आदि के बारे में अपनी प्राथमिकताएँ तय करें और इनको हासिल करने के लिए सालाना योजनाएँ बनाएँ।

जेड **( जेस्ट फॉर लाइफ )**—जिंदगी का हर दिन आपके लिए परमात्मा का अनुपम उपहार है। आप मुसकराएँ और उसके प्रति कृतज्ञ हों कि आपको यह जीवन मिला है।

**फंडा यह है कि बेशक हमारे जीवन में हर कदम पर भारी तनाव और परेशानियाँ हैं, मगर इनसे मुक्ति के अनगिनत उपाय भी हैं। यह हम पर निर्भर करता है कि मुक्ति का कौन सा रास्ता या जीवन-शैली अपनाते हैं।**

□

# ईश्वर हर कदम पर राह दिखाता है

हाल ही में मुझे एक कथा-साहित्य पढ़ने का मौका मिला। इसमें एक कहानी थी, जो यथार्थ के इतने नजदीक लगी कि मुझे इसके बारे में लिखने को विवश होना पड़ा। इस कहानी के अनुसार एक व्यक्ति सामान्य चेकअप के लिए ईश्वर की क्लीनिक में जाता है। यहाँ पर उसे बीमार घोषित किया जाता है। इसके पश्चात् उसका परीक्षण शुरू होता है। कहानी और आगे बढ़ती है।

रोगी बताता है—ईश्वर ने मेरे रक्तचाप का परीक्षण किया। उसे पता चलता है कि मैं बेहद कमजोर हो गया हूँ। चिंता की वजह से मेरे शरीर का तापमान बेहद बढ़ गया है। इलेक्ट्रोकॉर्डियोग्राम से पता चलता है कि मेरी धमनियाँ अकेलेपन से ब्लॉक हो गई हैं। इसके बाद ईश्वर ने आगे और भी जाँच की सिफारिश की। उसने पाया कि मैं निकट दृष्टिदोष का शिकार हो गया हूँ। चेकिंग के बाद मुझे बहरे होने के बारे में भी पता चलता है, क्योंकि मैं ईश्वर की बात को सही ढंग से नहीं सुन पाता हूँ।

इन सब बीमारियों के लिए मुझे निम्न परची पकड़ाई गई—

'हर सुबह एक गिलास कृतज्ञता का पान करें। काम के समय हर घंटे एक चम्मच शांति, धीरज की गोली, एक कप बंधुता और एक गिलास विनम्रता लिया करें। घर पर बिस्तर पर जाने से पहले मोहब्बत की एक खुराक लें, विवेक की दो टेबलेट्स लें। नया दिन आपके लिए कैसा भी गुजरे, उसको लेकर दुःख में न डूबें और न ही अधीर हों। ईश्वर को पता है कि आप कैसा महसूस कर रहे हैं। उसे यह भी पता है कि इस क्षण आपको क्या होने जा रहा है। ईश्वर आपको

वही दिखाना चाहता है, जिसे सिर्फ आप समझ सकते हैं। वह आपको उसी तरह का जीवन जीने की इजाजत देता है। वह खुशी देता है, गम देता है, आँखों में आँसू देता है और होंठों पर खुशी देता है।'

**फंडा यह है कि ईश्वर आपके जीवन में जो कुछ देता है, उसके पीछे एक मकसद होता है। अब यह हम पर निर्भर है कि हम उसको किस तरह लेते हैं। सकारात्मक ढंग से लें तो हर घटना हमें सही दिशा की ओर संकेत करती है और नकारात्मक ढंग से लें तो हम गलत राह पकड़ लेते हैं।**

□

# बिना मकसद के जग सूना-सूना लागे

यह कहानी तमिलनाडु के तंजावुर जिले की है। यहाँ दस साल की एक बालिका हर रोज अपने स्कूल निर्धारित समय से दो घंटा पहले पहुँचती है। वह एकमात्र छात्र है, जो हमेशा ऐसा करती है। जब उससे पूछा गया कि वह ऐसा क्यों करती है, तो उसने बताया—'मेरे पिता अब इस दुनिया में नहीं हैं। मेरी माँ को प्रतिदिन अल सुबह काम पर जाना पड़ता है। मुझे रोज अपने छोटे भाई को पास के महानगरपालिका स्कूल की क्लास तक छोड़ने के लिए जल्दी उठना पड़ता है। मुझे कभी-कभी उसके लिए नाश्ता भी बनाना पड़ता है। घर का ताला बंद करने-खोलने में बार-बार पड़ोसियों की मदद लेने से बचने के लिए मैं भाई के साथ निकलती हूँ और उसे उसकी क्लास में छोड़कर अपने स्कूल चली आती हूँ।' क्या यह सचमुच दिल को छू लेने वाली कहानी है? नहीं, इस कहानी में आगे क्या हुआ, यह जानने को आप उत्सुक होंगे।

जब बालिका की यह दास्तान एक अध्यापक के कानों में पहुँची तो उसने इस बालिका और उसके भाई की जिम्मेदारी खुद उठाने का फैसला किया। आप जानते हैं, फिर क्या हुआ? आज ये दोनों बच्चे अमेरिकी की विख्यात सिलिकॉन वैली में कंप्यूटर सॉफ्टवेयर इंजीनियर हैं। अब ये दोनों उन सभी लोगों को पत्र लिख रहे हैं और उनसे नेटवर्क स्थापित कर रहे हैं, जो उनके गाँव में पैदा हुए हैं। इनकी मदद से वह यहाँ एक स्कूल बनाने की कोशिश में लगे हैं। इस तरह की सैकड़ों कहानियाँ लिखी और सुनी जा रही हैं।

एक अध्यापक के अमूल्य योगदान से दो जिंदगियों की कायापलट ही नहीं

हुई, गाँव को अपना एक स्कूल भी मिल गया। हममें से ऐसे कितने लोग हैं, जो समाज में अपने प्रति किए गए दूसरों के योगदान की भरपाई इस तरीके से कर उनके ऋण से मुक्त होने की कोशिश करते हैं? वैसे इसका जवाब हम खुद ही जानते हैं और ये भिन्न-भिन्न भी हो सकते हैं। लेकिन एक बात साफ तौर पर कही जा सकती है कि इस दुनिया में हर किसी को जीवन एक मकसद से मिला होता है। लेकिन कुछ ही लोग ऐसे होते हैं जो इस मकसद को समझते हैं और उसे पूरा करने में सफल हो पाते हैं।

**फंडा यह है कि कई बार हम खुद जिंदगी को दिशा तय करते हुए अपना भाग्य-निर्माण करते हैं, तो कई बार हमारी जिंदगी की दिशा तय करने में दूसरे लोगों की भी निर्णायक भूमिका होती है। समाज में अपने प्रति किए गए दूसरों के योगदान की भरपाई करने की कोशिश हमें जरूर करनी चाहिए।**

□

# छुट्टियाँ बनें बच्चों के लिए उपयोगी

देश के अधिकतर राज्यों में जैसे-जैसे गरमी की छुट्टियाँ शुरू होती हैं, अभिभावकों में इस बात की चिंता बढ़ती जाती है कि उनके बच्चों का समय यूँ ही जाया न हो जाए। नतीजतन वे अपने बच्चों को विभिन्न क्लासेज में दाखिला दिलाने की कोशिश करते हैं, जिससे कि वे कुछ नए हुनर सीख लें। पिछले सप्ताह मैं केरल की राजधानी तिरुवनंतपरुरम में था, जहाँ मुझे एक माह तक चलने वाले बच्चों के एक ऐसे ही कैंप को देखने का मौका मिला।

इस कैंप का उद्‌देश्य बच्चों को व्यक्तित्व-विकास, आत्मविश्वास-निर्माण और प्रभावशाली संवाद जैसे विषयों की शिक्षा देना ही नहीं था, बल्कि रोजमर्रा की जिंदगी में काम आने वाली ऐसी चीजों के बारे में भी जानकारी देना था, जिन्हें अकसर मामूली समझकर जरूरी नहीं समझा जाता। उदाहरण के लिए, डॉग लाइसेंस का भुगतान, इलेक्ट्रिक बिल, सावधि जमा योजनाओं की विभिन्न ब्याज दर, कुकिंग, नेतृत्व के गुण, विदेशी धरती पर व्यवहार, पासपोर्ट के लिए आवेदन और पंजीयक कार्यालय में कृषि योग्य भूमि संबंधी क्रियाकलाप समेत अन्य सरकारी कामकाज से जुड़ीं जानकारियाँ, जो हमारे व्यावहारिक जीवन में अहम होती हैं। आयोजकों का मानना था कि कैंप में शामिल बच्चों को विभिन्न क्रियाकलापों में शामिल किया जाता है, जिनसे उन्हें व्यावहारिक जीवन के बारे में समझ हासिल होती है। यह कैंप इस मामले में अनूठा है कि इसमें बच्चों को वह हर चीज सिखाई जाती है, जिसकी उन्हें उस समय जरूरत होती है, जब वे

अपने माता-पिता की छत्रच्छाया से निकलने के बाद एक व्यावहारिक और व्यावसायिक दुनिया का सामना करते हैं।

**फंडा यह है कि अगर आप अपने बच्चों की गरमी की छुट्टियों को उनके हित में उपयोगी बनाना चाहते हैं तो उन्हें फिलहाल सॉफ्ट स्किल (जैसे व्यक्तित्व-विकास) के साथ-साथ व्यावहारिक जीवन जीने की कला (लाइफ स्किल) सिखाने में मदद करें।**

□

# शारीरिक शिक्षा की बढ़ती साख

एक पुरानी कहावत है—'यदि आज समय हाथी का है, तो एक दिन चींटी का भी आएगा।' यह कहावत सही जान पड़ती है। अगर आप शारीरिक शिक्षा और ट्रेनिंग से संबंधित विभिन्न प्रकार के पाठ्यक्रमों की उभरती माँग पर गौर करें तो आप पाएँगे कि वर्षों से स्कूली जीवन में सर्वाधिक उपेक्षित अध्यापक पीटी टीचर रहे हैं। साथ ही किसी भी छात्र द्वारा अगर सर्वाधिक उपेक्षित कोई क्लास रही है, तो वह पीटी क्लास रही है।

आज की तेज रफ्तार दुनिया में स्वास्थ्य और तंदुरुस्ती का बोलबाला हो गया है। इसने शारीरिक शिक्षा को एक बेहतरीन कॅरियर विकल्प के रूप में काफी महत्त्व प्रदान किया है। शारीरिक शिक्षा संपूर्ण शिक्षा प्रक्रिया का अभिन्न अंग होती है। इसमें कोई दो राय नहीं कि यह शिक्षा छात्रों को एक सुखी जीवन के लिए अति आवश्यक ज्ञान और कौशल से सुसज्जित करती है। अब शारीरिक शिक्षा के लिए डिप्लोमा कोर्स, बैचलर और मास्टर कोर्स उपलब्ध हैं। कह सकते हैं कि आज शारीरिक शिक्षा कॅरियर जीवन में एक बड़े विकल्प के रूप में उभरी है। अब लोग अपने स्वास्थ्य और चुस्ती-फुरती पर ध्यान देने लगे हैं। ऐसे में बड़ी संख्या में पर्सनल कोच की माँग बढ़ी है। क्लबों और होटलों को अपने मेहमानों के लिए पर्सनल कोचों की माँग पूरी करने में बड़ी कठिनाई हो रही है। महानगरों में जहाँ पर जिम और स्वीमिंग पूल की व्यवस्था है, वहाँ भी सोसाइटी के सदस्यों के लिए अच्छे कोच की भारी माँग है। यही वजह है कि देश में करीब 30 विश्वविद्यालयों ने विगत दो सालों से अपने यहाँ शारीरिक शिक्षा

पाठ्यक्रमों की शुरुआत कर रखी है।

**फंडा यह है कि इस रंग बदलती दुनिया में कब किसी चीज की माँग घट जाए या उसकी उपेक्षा हो जाए और किसी उपेक्षित चीज की माँग बढ़ जाए, इस बारे में कुछ भी कहना मुश्किल है। लेकिन यह बात भी सच है कि इनसान की जिंदगी और उसके शरीर व संवेदनाओं से जुड़ी कोई भी चीज लंबे समय तक उपेक्षित नहीं रह सकती। शारीरिक शिक्षा और ट्रेनिंग ऐसा ही विषय है। मानव सभ्यता का विकास आज उस मोड़ पर आ पहुँचा है कि वह अब अपने शरीर की उपेक्षा नहीं कर सकता है। शायद यही समय शारीरिक शिक्षा और इसे अपना कॅरियर बनाने की बाट जोह रहे लोगों के लिए है—फसल काटने का।**

□

# बच्चों की प्रतिभा को निखरने का पूरा मौका दें

हाल ही में मेरी मुलाकात पांडिचेरी के केंद्रीय विद्यालय के अंग्रेजी माध्यम के एक छात्र से हुई। उसने मुझसे पूछा कि उसे कौन सा पाठ्यक्रम लेना चाहिए और कहा कि क्या मैं उसे हर विषय-विशेष की संभावनाओं के बारे में बता सकता हूँ? इस तरह के कितने सवाल बच्चों को परेशान करते रहते हैं, मुझे इसका अहसास उस छात्र के सवाल से हुआ।

ऐसे कई माता-पिता हैं, जो अपने बच्चों की जिज्ञासाओं और उनकी अभिलाषाओं से जुड़े सवालों का जवाब ढूँढ़ने के लिए उन्हें विभिन्न प्रोफेशनों से जुड़े लोगों के संपर्क की पूरी फेहरिस्त थमाकर रखते हैं। पूर्व में मैंने कई किशारों को यह कहते सुना है कि उनकी छुट्टियों का कार्यक्रम उनके माता-पिता या फिर वे अपने हमउम्र लोगों के दबाव में, दूसरे शब्दो में कहूँ तो उनसे प्रभावित होकर चुनते हैं।

मध्य आयवर्ग के माता-पिता में यह बात आमतौर पर देखने को मिलती है कि वे जिन महत्त्वाकांक्षाओं को अपनी जिंदगी में पूरी न कर सके, उसे अपने बच्चों के माध्यम से पूरा होते देखना चाहते हैं। स्पष्ट है कि वे अपने इन अधूरे सपनों को पूरा करने के लिए अपने बच्चे पर दबाव बढ़ाते हैं और उनकी जिंदगी को मानो अग्निपरीक्षा से गुजारने का उपक्रम बना डालते हैं। ऐसे भी कुछ उदाहरण हैं कि माता-पिता बच्चे की आंतरिक-प्रतिभा को गहराई से समझने की कोशिश करते हैं, मगर आजकल के माता-पिता का अपने बच्चे के साथ पीढ़ीगत अंतर इतना अधिक होता है कि वे सही समीक्षा नहीं कर पाते और बच्चों को विफलता

की राह पर डाल देते हैं या जिंदगी को एक निरर्थकता की महागाथा बनाकर छोड़ देते हैं।

माता-पिता का अपने बच्चों का आकलन भी व्यक्तिगत होता है, लेकिन यह दुनिया तो बच्चे को अपने प्रति उसकी अनुकूलता और काबिलियत के पैमाने पर परखती है। मुट्ठी भर माता-पिता को ही दुनिया में क्या घटित हो रहा है, इसकी जानकारी होती है और वे उसका सुविस्तृत अध्ययन कर पाते हैं। परिणाम यह होता है कि अधिकतर को वर्तमान में प्रतिभाओं की निर्माणकारी शक्तियों के बारे में कुछ भी पता नहीं है। वे कार्यस्थलों के नए रुझानों के बारे में कुछ भी बता पाने में असमर्थ होते हैं। अगर उनके पास सुझाव देने को कुछ इंजीनियरिंग, सीए, एमबीए और कुछ इधर-उधर से संबंधित ही होते हैं। हालाँकि इन पेशों में कोई नकारात्मक बात जैसी नहीं है।

यहाँ पर मैं कुछ ऐसे बिंदुओं पर प्रकाश डालना चाहता हूँ, जिन पर अगर बच्चों की शुरुआती जिंदगी में विशेष रूप से ध्यान दिया जाए तो शायद उनके भविष्य को उज्ज्वल बनाने में माता-पिता काफी योगदान दे सकते हैं। बच्चों को अपनी खुद की आकांक्षा, अभिलाषा को समझने में मदद करें और उसके मजबूत व कमजोर पहलुओं, उसकी संभावनाओं और नकारात्मक पक्षों पर विचार करें। फिर उसको हासिल करने में पैसे, स्वास्थ्य, स्थान और पारिवारिक बातों पर भी गौर करें।

**फंडा यह है कि जैसे कि एक नवजात शिशु में जीवन की अपार संभावना छिपी होती है, उसी तरह उसमें छिपी प्रतिभा के अंकुरण की भी गुंजाइश होती है। अत: उसकी प्रतिभा को पल्लवित-पुष्पित होने का पूरा मौका दें। जैसे आपकी साँसें शिशु को उसकी जिंदगी नहीं दे सकतीं, बल्कि आपका उसके साथ होना काफी होता है, उसी तरह बच्चे की जन्मजात प्रतिभा को निखरने और साकार होने में उनके लिए सिर्फ आपके आशीष की जरूरत होती है—उसके सपने-महत्त्वाकांक्षाएँ खुद रास्ता बना लेते हैं। आप सिर्फ रोड़े न खड़े करें, बल्कि उनके लिए जरूरी वातावरण उपलब्ध कराएँ।**

□

# योगदान छोटा या बड़ा नहीं होता

देश के किसी भी हिस्से में देखने को मिल जाता है—नल के पानी की बरबादी, सीमित बिजली संसाधनों का बेतहाशा दुरुपयोग और पर्यावरण के साथ लगातार खिलवाड़। यह एक क्रूर सच्चाई बन गई है। इसे देखते हुए जरा जवाब दें—

- हममें से कितने ऐसे हैं, जो बिजली का अनुशासित उपयोग करते हैं या बच्चों को इस बात के लिए सजग रखते हैं कि जब बिजली की जरूरत न हो तो स्विच ऑफ करके रखें?
- जिन लोगों के घरों में पानी की पर्याप्त उपलब्धता है, क्या उन्हें उसके सुव्यवस्थित उपयोग के बारे में पता है?
- कचरे के सुचारू निष्पादन के बारे में हम कितने सजग हैं?
- गगनचुंबी इमारतों, संकुलों की कितनी रहवासी और मोहल्ला समितियाँ हैं, जो अपने यहाँ पानी, बिजली और दूसरे सीमित संसाधनों का प्रबंधन, निगरानी और सुधार के लिए कदम उठाने को एकजुट होती हैं?

बिजली की कटौती, नल में पानी का कम दबाव, टैंकर से पानी की आपूर्ति की समस्या और कचरे की साफ-सफाई ठीक से न होने के कारण फैलती बदबू जैसी हर चीज के लिए सरकार पर तोहमत लगाना बड़ा आसान है। हर तरफ दिखाई पड़ने वाले सरकारी कर्मचारी अक्षम हो सकते हैं, लेकिन इस बात को ध्यान में रखना चाहिए कि आखिरकार वे भी तो उसी समाज का हिस्सा हैं, जिसमें

हम और आप रहते हैं। अधिकतर मामलों में समाज के रूप में हम लापरवाह होते हैं और तकलीफ को अपना भाग्य समझते हुए उठाए चले जाते हैं, और समस्या के लिए दोष का ठीकरा दूसरों के सिर फोड़ने बैठ जाते हैं।

यह जानने के लिए बहुत बड़े दिमाग की जरूरत नहीं है कि हमारे देश में पानी, बिजली की किल्लत और पर्यावरण की बिगड़ती स्थिति बारह महीनों की ही समस्या है। शहर के पढ़े-लिखे लोगों को भी पता है कि जल-संग्रहण और जल-संसाधनों के सरंक्षण के लिए जरूरी कदम क्या उठाए जा सकते हैं, बिजली का सदुपयोग कैसे करें और पर्यावरण को बेहतर बनाने के लिए शुरुआत कहाँ से की जा सकती है। इन सबके बावजूद कितनी ऊँची इमारतों में जल-संग्रहण की व्यवस्था की गई है?

मदर टेरेसा के शब्दों पर गौर करें तो समझ में आता है कि 'हम सब स्वयं यह महसूस करते हैं कि हम जो कुछ कर रहे हैं, वह समुद्र में एक बूँद मात्र है, लेकिन अगर समुद्र में बूँदें नहीं होती तो मेरा मानना है कि इसके कारण समुद्र समुद्र नहीं होता। कार्यों को बड़े रूप में करने की बात से मैं सहमत नहीं हूँ।'

**फंडा यह है कि हर व्यक्ति का योगदान बहुमूल्य होता है—वह छोटा या बड़ा नहीं होता।**

□

# सहेजकर रखें सच्चे मित्रों को

एक सामान्य मित्र जब घर पर आता है तो वह एक मेहमान की तरह व्यवहार करता है, लेकिन एक सच्चा दोस्त आपके रेफ्रिजरेटर या रसोई से खुद अपने खाने-पीने की चीजें लेने में संकोच नहीं करता, यहाँ तक कि आपके स्टडी-टेबल पर जूता पहने बेधड़क अपने पाँव पसारकर खर्राटे भरने में उसको जरा भी बेहूदगी का अहसास नहीं होता।

एक सामान्य मित्र ने आपको कभी रोते हुए नहीं देखा होगा, लेकिन एक सच्चा दोस्त आपकी आँखों में आँसू देखकर इस तरह से नर्वस हो जाता है, मानो उसकी जिंदगी खाली-खाली हो गई हो।

एक सामान्य मित्र को आपके पिता तक का नाम नहीं मालूम होता, लेकिन एक सच्चे दोस्त के पास उसकी डायरी में उनके फोन नंबर तक दर्ज होते हैं और उनसे परिवार के पूरे हालात का पता होता है।

एक सामान्य फ्रेंड आपकी पार्टी में मौजवश वाइन की एक बोतल लेकर आता है, लेकिन एक सच्चा दोस्त काफी पहले हाजिर होता है और आपकी तैयारी में पूरी मदद करता है तथा देर तक साफ-सफाई में आपके साथ रहता है।

एक सामान्य फ्रेंड जब सो रहा होता है, उस समय आपके फोन आने से नफरत करता है; लेकिन एक सच्चा दोस्त पूछता है, 'तुम अब तक कहाँ थे, मैं तुम्हारे फोन का कब से इंतजार कर रहा था।'

एक सामान्य मित्र आप से आपकी समस्याओं के बारे में बातें करने में डूबा रहता है और सच्चा मित्र आपकी समस्या का हल निकालने की बातें और कोशिश करता है।

एक सच्चा मित्र आपके प्रेम-संबंधों को आपके व्यक्तित्व के चमत्कारिक पहलू के रूप में लेता है, मगर एक सामान्य मित्र इसके माध्यम से आपको ब्लैकमेल कर सकता है।

एक सामान्य मित्र आपको आपके बुरे वक्त में पहचानने से भी इनकार कर देता है, मगर एक सच्चा मित्र आपके बुरे वक्त में हर कदम पर आपके साथ होता है।

एक सामान्य मित्र की मित्रता आपकी अच्छी नौकरी, अच्छे वेतन और आपकी समृद्धि व प्रतिष्ठा का फायदा उठाने के लिए हर वक्त ताक में रहती है और इन सबके जाते ही उसकी मित्रता गायब हो जाती है, मगर एक सच्चे मित्र की मित्रता सिर्फ आपके व्यवहार, सोच व लगाव से होती है और वह आपका साथ कभी नहीं छोड़ता।

एक सामान्य मित्र आपके साथ थोड़े से विवाद पर आप पर दोषारोपण करने लगता है तथा अपनी सारी समस्या के लिए आपको ही दोषी ठहराने लगता है। वह दोस्ती का अंत समझ लेता है, लेकिन एक सच्चा मित्र साधारण विवादों को दिल पर नहीं लेता और उसे अपनी मित्रता को मजबूती प्रदान करने के अवसर के रूप में लेता है। दोस्ती खत्म करने की बात तो उसके दिमाग में ही नहीं आती और खुदा न खास्ता दोस्ती खत्म होने की नौबत भी आती है, तो उसको फिर से पटरी पर लाने की हर चंद कोशिश करता है। संबंध तो कभी नहीं तोड़ता, बल्कि आगे बढ़कर आप से संपर्क स्थापित करने की कोशिश करता है।

एक साधारण फ्रेंड हमेशा आप से अपने लिए हाजिर रहने की उम्मीद करता है, लेकिन एक सच्चा मित्र हमेशा आपके लिए पहले से ही हाजिर रहता है और पूछता रहता है कि 'क्या आपको उसकी मदद की जरूरत है?'

**फंडा यह है कि आप सच्चे मित्र की बारीकी से पहचान करें और फिर किसी भी हालत में बाहरी दुनिया के बहकावे में आकर उसे खोएँ नहीं। आखिरकार एक सच्चा मित्र आज की भीड़ भरी और अनजान दुनिया में मुश्किल से मिलता है और उसे खो देने के बाद आप पछताने के अलावा कुछ नहीं कर पाएँगे। वह अगर आपको कुछ दे नहीं सकता तो आप से कुछ ले भी नहीं सकता।**

□

# खुश रहने के लिए चंद नियम

मेरी मुलाकात एक ऐसे व्यक्ति से हुई, जिसका कहना था कि इस दुनिया में तमाम मुश्किलों के बावजूद वह अपनी जिंदगी से बेहद खुश है। मैंने पूछा कि इसका राज क्या है? तो उसने कहा कि वह कुछ निर्धारित नियमों का रोज पालन करता है, जिससे वह खुश रहता है। उसने इन नियमों का मुझसे जिक्र किया—

1. मैं नियमित रूप से हर रोज 10 मिनट के लिए ध्यान लगाता हूँ।
2. मैं हर सुबह उठने के बाद पूरे दिन के लिए एक कार्य-योजना बनाता हूँ और उसे उसी दिन पूरा करता हूँ।
3. मैं हमेशा ऊर्जा, उत्साह और उमंग से स्वयं को भरपूर रखता हूँ। खुद पर विश्वास करने के साथ-साथ, परिवार और मित्रों को अपने साथ रखता हूँ।
4. मैं अपना ज्यादातर समय 70 साल से अधिक और 6 साल से कम उम्र के लोगों के साथ गुजारता हूँ।
5. मैं हर रोज कम-से-कम तीन लोगों के होंठों पर मुसकराहट लाने की कोशिश करता हूँ।
6. मैं महसूस करता हूँ कि जीवन एक पाठशाला है और मैं यहाँ एक विद्यार्थी हूँ। मुझे सारी परीक्षाओं से गुजरना है। समस्याएँ पैदा होती हैं और फिर समाप्त हो जाती हैं, मगर इनसे सीखा गया सबक जीवन भर व्यक्ति के काम आता है।

7. मैं हमेशा मुसकराता रहता हूँ, इससे मैं ऊर्जा से भरपूर रहता हूँ।
8. माना कि जिंदगी ने मेरे साथ हमेशा न्याय नहीं किया, फिर भी मुझे जिंदगी से मोहब्बत है और यह बहुत खूबसूरत है।
9. यह जिंदगी मेरे लिए इतनी छोटी है कि किसी से नफरत करने के लिए मेरे पास बिलकुल समय नहीं है।
10. मैं सपने देखना नहीं छोड़ता।

**फंडा यह है कि स्वयं को खुश रखने के लिए हमें स्वयं अपने अनुकूल निर्धारित नियमों का पालन करना चाहिए।**

□

# जीवन का आनंद उठाना सीखिए

एक व्यक्ति वाशिंगटन डीसी के मेट्रो स्टेशन पर बैठकर वॉयलिन बजा रहा था। वह दिसंबर की एक सर्द सुबह थी। अपने लगभग 45 मिनट के वॉयलिन-वादन में उस व्यक्ति ने छह अलग-अलग राग छेड़े। चूँकि वह व्यस्त समय था, तो हजारों लोग स्टेशन पर आ-जा रहे थे। उनमें से अधिकांश अपने-अपने काम पर जा रहे थे। कुछ मिनट बीते होंगे कि एक यात्री का ध्यान उसकी तरफ गया, उसकी रफ्तार धीमी पड़ी, वह कुछ क्षण रुका भी, लेकिन फिर तुरंत ही अपने निर्धारित गंतव्य की ओर रवाना हो गया। फिर एक महिला ने उसके आगे चलते-चलते पैसे फेंके, जो शायद उसकी एक डॉलर की पहली टिप थी।

कुछ देर बाद एक और शख्स ने थोड़ा कान लगाकर संगीत सुनने की कोशिश की, लेकिन घड़ी पर निगाह पड़ते ही वह भी आगे रवाना हो गया। उसके संगीत को जो सबसे ध्यान से सुन रहा था, वह एक तीन वर्षीय लड़का था। उसकी माँ उसे बार-बार आगे खींचने का प्रयास कर रही थी, लेकिन वह बार-बार रुककर वॉयलिन-वादक को सुनने लगता था। अंततः माँ ने जोर लगाकर उसे आगे खींच ही लिया, लेकिन वह लड़का आगे चलते हुए भी पीछे मुड़कर बार-बार देखता रहा। यही प्रतिक्रिया कुछ और बच्चों ने भी दोहराई। बिना किसी अपवाद के सभी अभिभावकों को उन्हें जबरदस्ती खींचकर आगे ले जाना पड़ा। उसके 45 मिनट के पूरे वॉयलिन-वादन में सिर्फ आधा दर्जन लोग ही कुछ क्षणों के लिए रुके। बीस के लगभग लोगों ने उसे पैसे दिए, लेकिन उन्होंने अपनी रफ्तार में कमी नहीं आने दी। इस दौरान उसने कुल 32 डॉलर कमाए। जब उसने वॉयलिन बजाना

बंद कर दिया तो उसकी तरफ उठनेवाली निगाहें भी रुक गईं, क्योंकि अब वहाँ संगीत नहीं गूँज रहा था। किसी ने ताली नहीं बजाई, किसी ने भी उसकी तरफ पहचान का कोई संकेत नहीं दिया। कोई नहीं जानता था कि वह वॉयलिन वादक वास्तव में जोशुआ बेल थे, जिनकी गिनती दुनिया के श्रेष्ठ संगीतकारों में होती है। उन्होंने वॉयलिन से 3.5 मिलियन डॉलर की कीमत की एक विलक्षण धुन की रचना की। गौरतलब है कि स्टेशन पर वॉयलिन बजाने से दो दिन पहले जोशुआ ने बोस्टन के एक थिएटर में अपना कार्यक्रम प्रस्तुत किया था, जिसकी प्रत्येक सीट औसतन 100 डॉलर की बिकी थी।

वास्तव में जोशुआ बेल का स्टेशन में वॉयलिन बजाना समाचार-पत्र 'वॉशिंगटन पोस्ट' के एक अध्ययन का हिस्सा था। इसके तहत लोगों की रुचि, प्राथमिकताओं और सौंदर्य-बोध को जानना था। इसका मुख्य आधार था कि क्या सार्वजनिक स्थानों पर एक बेमेल समय में हम सौंदर्य को समझ पाते हैं? क्या हम उसकी सराहना करने के लिए रुकते हैं? क्या हम अनपेक्षित संदर्भों में प्रतिभा की पहचान कर पाते हैं?

**फंडा यह है कि व्यस्तता के बीच भी जीवन से जुड़ी छोटी-छोटी बातों का आनंद उठाना सीखें। इसके बाद ही हम जीवन को सही अर्थों में जीना सीख सकेंगे।**

□

# बच्चों को भावनात्मक रूप से मजबूत बनाएँ

मैं भारत और ऑस्ट्रेलिया के बीच बेंगलूर में हो रहा टेस्ट मैच देख रहा था। मैंने पाया कि स्टेडियम में तमाम ऐसे लोग भी मौजूद हैं, जिन्हें क्रिकेट की समझ सामान्य से भी कम है। जब मैंने गौर से देखा तो वे 14 से 20 वर्ष के उन युवाओं के अभिभावक निकले, जिनके बच्चे शहर की अलग-अलग क्रिकेट अकादमियों से प्रशिक्षण पा रहे हैं। पूरी संभावना इस बात की थी कि वे भी तमाम कार्यगत व्यस्तताओं के बावजूद क्रिकेट के बुखार में जकड़ गए हों। अन्यथा आप कैसे कल्पना कर सकते हैं कि अधेड़ उम्र का व्यक्ति अपने बच्चों की ही तरह चिल्ला-चिल्लाकर सचिन-गौरव की हौसलाअफजाई करे?

मैं ऐसे कई अभिभावकों से मिलने भी गया और इसका कारण जानना चाहा। उन सभी के जवाब लगभग एक जैसे ही निकले, 'हमारा बेटा इस खेल की बारीकियाँ सीख आगे भी खेलना जारी रखना चाहता है। पिछले कई वर्षों से वह किसी धार्मिक कर्मकांड की तरह नियमित रूप से क्रिकेट खेलता रहा है। वह जहाँ-जहाँ मैच खेलने जाता है, हम भी उसके साथ चले जाते हैं। वह इस तरह खेल के बारे में ज्यादा-से-ज्यादा एक्सपोजर प्राप्त कर रहा है। हम चाहते हैं कि वह इस खेल की बारीकी समेत राजनीति और दर्शकों के व्यवहार को झेलने लायक भी बने।' एक ऐसे ही बच्चे के अभिभावक ने बताया, 'दर्शकों का मूड चुटकियों में बदलता है और बच्चों को इसके प्रति जागरूक होना ही चाहिए। हम चाहते हैं कि वे भावनात्मक रूप से ऐसी स्थितियों के लिए शक्तिशाली बनें।'

**फंडा यह है कि जब भी, जैसे भी संभव हो, अपने बच्चों को भावनात्मक मजबूती प्रदान करें। आनेवाले समय में उन्हें इस प्रतिस्पर्द्धात्मक समय में इसकी खासी जरूरत पड़ेगी। यह सबक मैंने भी सीखा है।**

□

# जीवन-मूल्य और मर्यादा का महत्त्व

अपनी ही मस्ती में रहने वाले दो बिगड़ैल ब्रिटिश किशोर पुणे के एक डॉक्टर परिवार के साथ रहकर जीवन-मूल्यों और मर्यादा के सबक सीखने का प्रयास करेंगे। वे उनके साथ छह महीने तक एक रियलिटी शो के तहत रहेंगे, जो बच्चों की परवरिश की भारतीय शैली पर आधारित है। इस सीरियल को बीबीसी की 'ट्वेंटी-ट्वेंटी' कंपनी बना रही है। इसी कंपनी के शीर्ष पदों पर आसीन कुछ लोग डॉक्टर परिवार के चयन के लिए कुछ दिन पहले पुणे में डेरा डाले हुए थे। इसके निर्माता एंड्रिया वाइसमैन ने 'इंडियन मेडिकल एसोसिएशन' से संपर्क साधकर शो के लिए आदर्श डॉक्टर परिवार की पहचान में मदद भी माँगी थी। उनका कहना था, 'दुनिया भर में डॉक्टर के पेशे को आदर्श माना गया है, भले ही भाषा कोई भी हो, लेकिन यह पेशा वैश्विक स्तर पर एक जैसी शुचिता और पवित्रता लिये हुए है।'

इस शृंखला पर वाइसमैन का कहना था, 'ब्रिटिश किशारों के व्यवहार को देख यदि अभिभावक उनपर नियंत्रण का प्रयास करते हैं तो बच्चे उनके कठोर होने की शिकायत करने लगते हैं।' इस सीरियल के निर्देशक को लगता है कि इन किशारों में बड़ों के लिए सम्मान नहीं है। इस कारण उन्हें स्कूल में सफलता प्राप्त करने में भी दिक्कतें आ रही हैं। वैश्विक परिदृश्य पर किशोरों के क्रम में एक चलन देखने में यह आ रहा है कि वे दुनिया को अपनी जागीर मानते हैं। जहाँ वह किसी के भी साथ, कैसा भी व्यवहार करने के लिए स्वतंत्र हैं।

**फंडा यह है कि इस पूरी कसरत से फंडा यह सामने आता है कि अगर हमारे आस-पास के कुछ लोग समूह के तौर पर अपनी कोई संस्कृति बना लें, जिससे संस्था के रूप में हम या परिवार इत्तेफाक नहीं रखता है, तो बेहतर रहेगा कि उन्हें प्रशिक्षण के लिए एक बिलकुल अलग माहौल में भेज दिया जाए। अगर आपके पास कोई अच्छा कर्मचारी है, लेकिन वह संस्थान की संस्कृति का सम्मान करने के बजाय अपनी ही चलाता है, तो उसे भी दूसरे माहौल को जानने-समझने के लिए भेज दें।**

□

# लोकप्रिय बनाता है शिष्टाचार

अगर मैं मुंबई में हूँ तो ऑफिस से लौटते वक्त अपने दोस्त बलजीत परमार को हर रोज उनके घर ड्रॉप करता हूँ। उनका घर जुहू में अमिताभ बच्चन के घर के बहुत करीब है। इस तरह मुझे यह अहसास होता है कि मैंने शहर में बढ़ते प्रदूषण के स्तर में कुछ कमी तो की। हालाँकि उन्हें ड्रॉप करने का सिर्फ यही एक कारण नहीं है। उन्हें जुहू की चाँद सोसाइटी पर उतारते वक्त मुझे कई बार अमिताभ बच्चन के दर्शन भी हो जाते हैं। कम-से-कम पाँच में से तीन बार तो ऐसा होता ही है। चाँद सोसाइटी एक मध्य वर्ग सोसाइटी है, जिसके ग्राउंड फ्लोर पर अमिताभ बच्चन की निजी सचिव रोजी सिंह भी रहती हैं। प्रत्येक रात नौ से दस के बीच अमिताभ बच्चन स्वयं कार से उन्हें घर छोड़ने आते हैं। वह तब तक बिल्डिंग के बाहर रुकते हैं, जब तक कि रोजी अपने घर में प्रवेश नहीं कर जातीं। रोजी अमिताभ बच्चन की बेहद विश्वसनीय सहयोगी हैं और उनके साथ लंबे समय से हैं। यहाँ तक कि अमिताभ बच्चन का जब खराब दौर चल रहा था, तब भी रोजी ने उनका साथ नहीं छोड़ा था। इससे मुझे वर्षों पूर्व कोलकाता की एक घटना याद आ गई। उस रात अमिताभ बच्चन ने वहाँ पार्टी दी थी। मैंने रात के लगभग दो बजे उन्हें अपनी एक साथी पत्रकार को रूम तक छोड़कर आते देखा। वह एक पंच सितारा होटल था और हम सभी पार्टी में मशगूल थे। इस पर उस महिला पत्रकार ने अमिताभ बच्चन से पूछा कि पंच सितारा होटल के सुरक्षित माहौल में भी वह उन्हें कमरे तक छोड़ने क्यों आए हैं? इस पर उनका जवाब था, 'यह सामान्य शिष्टाचार है। अगर आप मेजबान हैं तो रात हो जाने पर

महिला अतिथि को छोड़ना आपकी जिम्मेदारी है।' इससे मुझे उनसे जुड़ी एक और याद ताजा हो आई। एक यात्रा के दौरान, जिसमें महिला पत्रकारों की संख्या पुरुष पत्रकारों से ज्यादा थी, अमिताभ बच्चन ने अपने सुरक्षाकर्मियों के साथ उन्हें एक सुरक्षा घेरे में ले लिया था। संभवत: यही वजह है कि वह आज भी महिलाओं के चहेते बने हुए हैं।

**फंडा यह है कि शिष्टाचार के बल पर आप सभी से त्वरित सम्मान पाने के हकदार हो जाते हैं। यही नहीं, इससे आपकी लोकप्रियता में भी वृद्धि होती है।**

□

# सही सोच से सब संभव

कहते हैं मौत का अहसास मौत से कहीं अधिक भयानक होता है। हैदराबाद के नायडू (परिवर्तित नाम) से अगर पूछा जाए तो वह शत-प्रतिशत इससे सहमत होंगे। पूरी घटना समझने के लिए वर्ष 1984 में जाना पड़ेगा। शादी के महज चार साल बाद नायडू को अपने एक पैर में गाँठ दिखाई दी। उसके हर रोज बढ़ते आकार को देख नायडू की पत्नी बुरी तरह से डर गईं। उन्हें अनजानी आशंका सताने लगी। वह जब भी नायडू से इस बारे में अपना संदेह जाहिर करतीं, वह उसे बेफिक्री में उड़ा देते। वह मजाक में उसे फुटबॉल की संज्ञा देने लगे थे, लेकिन दिल-ही-दिल में उन्हें भी किसी गड़बड़ी का अहसास हो चुका था। वह अपनी समस्या पर डॉक्टर से विचार-विमर्श करना चाहते थे, लेकिन काम की व्यस्तता के चलते ऐसा नहीं कर पा रहे थे। एक दिन पत्नी ने उन्हें एक डॉक्टर दंपती के पास जबरदस्ती भेज ही दिया, जिन्हें रेड्डी दंपती के नाम से लोग जानते थे। बायोप्सी और बाद में हुए अन्य परीक्षणों से पता चला कि वह गाँठ प्राणघातक है। इसके बाद पत्नी की राय का सम्मान करते हुए वह टाटा मेमोरियल अस्पताल के तत्कालीन डीन डॉ. आर.एस. राव को भी दिखाने के लिए तैयार हो गए। डॉ. राव लाइलाज बीमारी को भी ठीक करने के लिए विख्यात थे। नायडू की बीमारी से जुड़ी रिपोर्ट्स को देखने के बाद वह बोले, 'अगर तुम्हारा संक्रमित पैर काट दिया जाए तो क्या तुम एक पैर से काम चला लोगे?' नायडू ने तुरंत ही जवाब दिया, 'क्यों नहीं!' यह सुनकर अब तक उनकी पत्नी बदहवास हो चुकी थीं, लेकिन नायडू ने अपना धीरज नहीं खोया था। वह पत्नी को समझाते हुए बोले, 'तुम्हें नियति का फैसला तो मानना ही पड़ेगा।' डॉ. राव ने रिपोर्ट्स को जाँचने के बाद गाँठ को एक बार फिर जाँच के लिए भेजा। 72 घंटे के बाद उन्होंने नायडू

से कहा, 'खुश हो जाओ, यह गाँठ प्राणघातक नहीं, बल्कि साधारण सिस्ट है।' यह सुनकर नायडू खड़े-के-खड़े रह गए। भले ही उनके चेहरे पर डर का कोई भाव नहीं रहा हो, लेकिन पिछले सात दिनों में वे मौत के खौफ से पल-पल मर रहे थे। इससे क्रोधित उनकी पत्नी ने जब रेड्डी दंपती को खरी-खोटी सुनाई तो वह टाटा मेमोरियल की रिपोर्ट को ही गलत बताने लगे। इस पर नायडू ने अपनी पत्नी से कहा, 'जरा सोचो, इससे भी बुरा हो सकता था। मैं एक सामान्य इनसान की तरह डॉ. रेड्डी के चैंबर में गया और मरीज बनकर बाहर निकला। फिर मैं डॉ. राव के केबिन में मरीज बनकर गया और एक स्वस्थ इनसान के रूप में बाहर आया। मैं अब संपूर्णता के साथ जीना चाहता हूँ।' उस घटना को 24 साल हो गए हैं, नायडू खुशहाल हैं। वह मुंबई के एक समाचार-पत्र के प्रकाशक हैं।

**फंडा यह है कि सकारात्मक सोच से असंभव को भी आसानी से संभव बनाया जा सकता है।**

□

# अहं का परित्याग करना ही बेहतर

एक वैज्ञानिक हुआ करते थे। उन्होंने अथक परिश्रम और प्रयासों से एक फॉर्मूला तैयार किया, जिसकी मदद से वह स्वयं की प्रतिकृति तैयार कर सकते थे। इस काम को वह इतनी खूबी से अंजाम देते थे कि मूल और प्रतिकृति में अंतर करना असंभव लगता था। एक दिन कुछ शोध करते हुए उन्हें अहसास हुआ कि मौत का परवाना उनकी तलाश में घूम रहा है। ऐसे में जीवित रहने के लिए उन्होंने अपनी दर्जन भर प्रतिकृतियाँ बना दीं। वे सभी इतनी बेदाग थीं कि उनमें असली-नकली का भेद करना मुश्किल था। अत: मौत का परवाना जब उनके पास आया तो एक जैसे तेरह वैज्ञानिकों को देखकर हतप्रभ रह गया। उसे तो सभी असली लग रहे थे। नतीजतन भ्रम के कारण वह वापस लौट गया। लेकिन अधिक दिनों के लिए नहीं, वह फिर वापस आया और उसने मानव-मन को समझते हुए इस बार चालाकी से काम लिया। वह इन सभी प्रतिकृतियों से मुखातिब होते हुए बोला, 'वास्तव में आपका कोई जोड़ नहीं है। आपने अपने बनाए फॉर्मूले से इतनी शानदार प्रतिकृतियाँ तैयार की हैं कि उनमें अंतर करना मुश्किल है। हालाँकि मुझे इनमें एक बेहद बारीक कमी नजर आ रही है।' यह सुनकर असली वैज्ञानिक कतार से निकलकर लगभग चिल्लाते हुए बोला, 'असंभव, कहाँ है कमी?' इस पर मौत का परवाना उसे पकड़ते हुए बोला, 'यही।' इस तरह वैज्ञानिक का अपनी प्रतिकृति बनाने का पूरा मंसूबा ध्वस्त हो गया, क्योंकि वह अपने अहं पर काबू नहीं रख पाया। अंतत: उसे इसकी कीमत अपनी जान देकर चुकानी पड़ी।

इनसान का ज्ञान और दक्षता उसे शीर्ष तक पहुँचाकर सफल बना सकते हैं, वही अहं उसे कहीं तेज रफ्तार से जमीन पर लाने का काम करता है।

**फंडा यह है कि अहं को अपनी हत्या नहीं करने दें, बल्कि खुद उस अहं को मार डालें।**

□

# समस्या का समाधान तलाशें

गरमी का दौर जारी है। तमाम लोग दिन-पर-दिन बढ़ रही तपिश से परेशान घूम रहे हैं। कुछ लोग इस मौसम को लानत-मलामतें भेज रहे हैं, तो कुछ लोगों का मानना है कि ठंडे पानी, कोल्ड ड्रिंक, नीबू पानी की बिक्री बढ़ाने के लिए यह एक उचित अवसर है। कुछ के लिए यह बहुत उचित समय है, जब सौर ऊर्जा से बिजली बनाकर उसे बेचा जा सकता है। गरमी को लेकर हाय-हाय मचाने वालों से इतर जिन लोगों ने कुछ विचार किया, वह इस समस्या से भी धन पैदा कर रहे हैं।

जिस तरह से कपड़ों की अच्छे से साफ-सफाई के लिए कम खर्च में निरमा उपयुक्त समाधान था। जिस तरह तमाम अनजान चीजों को जानने का बेहतर विकल्प गूगल बनकर उभरा। ठीक इसी तरह सौर ऊर्जा अंधकार को दूर भगाने का एक विकल्प हो सकती है या प्यास बुझाने का उत्तम तरीका नीबू पानी हो सकता है। इन उदाहरणों से समझा जा सकता है कि जिन लोगों ने समस्या का समाधान तलाशा, वे रईस बन गए। इसके विपरीत जिन लोगों ने समाधान तलाशने की दिशा में प्रयास नहीं किया, वह कम धन कमा पाए।

एक आम धारणा है कि रईसों के पास बहुत पैसा होता है, इसीलिए वह खर्च करते हैं। हम सोचते हैं कि क्या वे गारंटी, वारंटी और छूट वगैरह पर सोचते होंगे? सच्चाई यही है कि वे हमेशा चुकाए गए मूल्य की पूरी कीमत वसूलना चाहते हैं। ऐसा भी नहीं है कि उनसे गलतियाँ नहीं हुई हैं।

वह भी गलतियाँ करते हैं, उनसे भी पैसे के लेन-देन में चूक होती है, उन्हें

भी धक्का पहुँचता है। लेकिन वह डटे रहते हैं। वह हर स्थिति से उबरकर धमाकेदार वापसी करते हैं। वह अपने में सुधार लाते हैं। वह अपना खोया धन वापस पाने के लिए अभियान की तरह जुट जाते हैं। उनका उद्देश्य न सिर्फ खोया धन पाना होता है, बल्कि उससे लाभ भी कमाना होता है।

**फंडा यह है कि हर स्थिति में सफलता हासिल करने की दृढ़ता बनाए रखें। समस्या का सीधे-सीधे मुकाबला करें, इस तरह से ही दूसरों से अधिक रईस बन सकेंगे।**

□

# लोगों पर विश्वास करें

हर रोज अलसुबह मैं जब पवई में मॉर्निंग वॉक के लिए निकलता हूँ, तो मेरा सामना दर्जनों भावशून्य चेहरों से होता है। ये चेहरे मुझे अकेलेपन का अहसास कराते हैं या कह सकते हैं कि हमने स्वयं को कितना अकेला बना लिया है। प्रत्येक चेहरा चट्टान की तरह सख्त और संदेह लिये होता है। ऐसे में अगर आप किसी को मुसकराकर देखते हैं, तो उधर से जो प्रतिक्रिया आती है, उसका अर्थ यही होता है, 'क्या आप मुझे जानते हैं' या 'तुमको मुझसे क्या मतलब?'

इस अनुभव से इतर बात करते हैं बेंगलुर में बिताए गए महज आठ महीनों की। अपनी आदत के मुताबिक मैं वहाँ भी सुबह वॉक के लिए जाता रहा। एक सुबह मैं एक अस्सी वर्षीय वृद्ध को देखकर मुसकरा दिया। मुंबई के अपने अनुभव के बाद मुझे ऐसा कतई नहीं करना चाहिए था। फिर भी पता नहीं किस भावनावश ऐसा हो गया। इसके बाद मेरे आश्चर्य का तब कोई ठिकाना नहीं रहा जब वह सज्जन मेरे पास लरजती आवाज में बोले, 'शुक्रिया बेटे, तुम्हारी एक मुसकराहट ने मेरा दिन खुशगवार बना दिया।' मैं उन वृद्ध को कतई नहीं पहचानता था, लेकिन एक मुसकराहट के आदान-प्रदान ने हमारे बीच एक सहज रिश्ता बना दिया। इस रिश्ते का आधारभूत तत्त्व यही था कि हम दोनों को ही एक-दूसरे के प्रति अविश्वास नहीं था। मेरी मुसकान एक स्वाभाविक प्रतिक्रिया थी, जिसका जवाब उन्होंने इस तरह से दिया। प्रश्न उठता है कि परस्पर विश्वास का यह भाव कहाँ खो गया है?

हम अपने ही नैराश्य और दूसरों को खुश न देख सकने की प्रवृत्ति से इस कदर घिर चुके हैं कि हमें छोटी-छोटी मानवीय बातों का अब ध्यान भी नहीं रहा

है। आप ही बताएँ कि रेलगाड़ी में यात्रा करते हुए खाने की चीज पेश करने वाले सहयात्री पर आप विश्वास करेंगे? आप यही सोचेंगे कि हो सकता है कि उसमें जहर मिला हुआ हो या ऐसा कोई पदार्थ, जिसे आप खाकर बेहोश हो जाएँ और वह सारा माल लेकर चंपत हो जाए। हालाँकि अभी बहुत ज्यादा समय नहीं बीता है, जब रेलगाड़ी से यात्रा किसी पिकनिक से कम नहीं हुआ करती थी। सहयात्रियों के साथ मिलकर एक परिवार बन जाता था और उसी के सहारे यात्रा पूरी हो जाती थी। उस यात्रा का मजा बाँटकर खाने-पीने से कहीं ज्यादा पैदा हुए विश्वास से आता था। इस संदर्भ में आर.के. नारायणन की लघुकथा 'द पोस्टमैन' याद आ रही है। इसका केंद्रीय पात्र थन्नपा, जहाँ-जहाँ पत्र डालता है, उस परिवार का हिस्सा बनता जाता है। वह अजनबी है, ऐसा विचार किसी के मन में नहीं आता। मेरे दादा-नाना हमेशा चेताते थे कि जमाना बदलने वाला है और उनकी यह बात सच निकली है। परस्पर विश्वास का भाव विलुप्त हो गया है और उसका स्थान छल-कपट व प्रपंच ने ले लिया है। भूलना नहीं चाहिए कि अविश्वास से ही हिंसा का जन्म होता है।

**फंडा यह है कि लोगों का विश्वास करो। कम-से-कम ऐसा प्रयास करके तो देखो! अगली बार आप जब सुबह वॉक पर जाएँ तो साथ टहल रहे व्यक्ति का स्वागत एक मुसकान से कीजिए। यकीन मानिए, आपको इस पर जरा भी पछतावा नहीं होगा।**

# हर हाल में खुश रहें

यह बात 1950 के दशक की है। प्रोफेसर पूरन सिंह पंजाबी कवि थे और कई वर्षों से जापान में अंग्रेजी साहित्य पढ़ा रहे थे। वह मूलतः पानीपत के निवासी थे, जो उन दिनों अविभाजित पंजाब का हिस्सा हुआ करता था। जापान में रहते हुए एक दिन उन्हें लगा कि भारत लौट चलना चाहिए और वह वापस आकर देहरादून में बस गए। उन्होंने रुड़की में अध्यापन कार्य फिर से शुरू कर दिया, लेकिन जल्द ही उससे बोर होकर उन्होंने खेती करने की ठानी। इसके लिए उन्होंने एक जमीन का बड़ा टुकड़ा खरीदा और उस पर खेती शुरू की। उनकी पंजाबी कविताओं की शैली काफी हद तक प्रतिष्ठित अमेरिकी कवि वॉल्ट विट्मैन से मिलती थी, इसलिए उन्हें 'पंजाबी विट्मैन' की संज्ञा से भी विभूषित किया गया।

उन्होंने खेती की जमीन पर बड़ी मेहनत की। शुरुआती छह माह जमीन को अच्छे से सींचा, फिर बीज बोए, कुछ दिनों बाद अच्छे से जुताई की और जब खेत में फसल लहलहाई तो उसे देखकर बहुत खुश हुए। फसल कटने को तैयार थी, लेकिन प्रकृति को कुछ और ही मंजूर था। अचानक आए भयंकर आँधी-तूफान ने चहुँ ओर पानी-ही-पानी कर दिया। पूरा-का-पूरा गाँव यह देखकर गम में डूब गया। उन्होंने जब देखा कि गाँववाले उस दुःख को सह नहीं पा रहे हैं तो वह बरसते पानी में पंजाबी की एक प्रसिद्ध कविता गाने लगे। मूलतः वह कविता एक लोकगीत से उपजी थी, जिसके बोल थे—'भला होया मेरा चरखा टूटा, जिंद अजाबो छुट्टी।' इसका अर्थ था कि अच्छा हुआ अब मेरा चरखा टूट गया, इससे अब मेरी जिंदगी को तमाम दुश्वारियों से राहत मिली। जब पूरे गाँव ने उस स्वनामधन्य कवि को भारी वर्षा और नुकसान के बीच झूमते-गाते देखा,

तो उन्हें समझ आया कि वास्तव में वह क्या संदेश देना चाहते हैं। धीरे-धीरे सभी उनके साथ बरसते पानी में नाचने-गाने लगे। देखते-ही-देखते वह सभी अपने गम को भूलकर कुदरत के फैसले को स्वीकार कर रहे थे। खेती में हुए नुकसान से उबरने के लिए प्रोफेसर पूरन सिंह ने पान की खेती की, जिसने उन्हें और भी सम्मान का हकदार बनाया।

इसके बाद उन्होंने देहरादून में साबुन और रसायन बनाने की फैक्टरी डाली, उसमें भी उन्हें भारी घाटा सहना पड़ा। उन दिनों किसानों के बीच साबुन की ज्यादा माँग नहीं थी। उनकी मृत्यु काफी उम्र के बाद हुई, लेकिन उन्होंने अपनी शर्तों पर जिंदगी को पूरी तरह से जीया।

**फंडा यह है कि जो खो गया, उसका कभी गम मत करो।**

□

# संबंधों में अपना सौ प्रतिशत दें

एक लड़का और लड़की साथ-साथ खेल रहे थे। लड़के के पास खूबसूरत कंचे थे तो लड़की के पास कुछ टॉफियाँ। लड़के ने प्रस्ताव दिया कि वह उन टॉफियों के बदले अपने सारे कंचे देने को तैयार है। उसका यह प्रस्ताव लड़की ने मान लिया। लड़के ने सबसे खूबसूरत और बड़ा कंचा अपने पास रख बाकी लड़की को सौंप दिए। लड़की ने वादे के अनुरूप अपनी सारी टॉफियाँ लड़के को दे दीं। उस रात लड़की तो गहरी नींद सोई, लेकिन लड़के की आँखों से नींद कोसों दूर थी। वह बिस्तर पर करवट बदलते हुए यही सोच रहा था कि हो सकता है कि लड़की ने भी उसकी तरह कुछ टॉफियाँ बचा ली हों!

अब हम इस घटना को कॉरपोरेट जीवन पर लागू करते हैं। अलग-अलग देशों की जाँच संस्थाएँ जब किसी वैश्विक आपदा के बाद साथ मिलकर काम करती हैं तो यह रवैया काफी हद तक देखने में आता है। मुंबई क्राइम ब्रांच में कार्यरत कुछ वरिष्ठ पुलिस अधिकारियों के मुताबिक, 'मुंबई में 26 नवंबर, 2008 को हुए आतंकी हमले में यही देखने में आया। उस वक्त विभिन्न जाँच संस्थाएँ अलग-अलग दिशा में काम कर रही थीं। इसी कारण आतंकियों पर पूरी तरह से काबू पाने में 60 घंटे से अधिक का समय लग गया।' इसे समझते हुए कह सकते हैं कि किसी साझे लक्ष्य की पर काम करते हुए जरा सा अविश्वास सारे प्रयासों पर पानी फेर सकता है।

फंडा यह है कि यदि आप किसी संबंध में अपना सौ फीसदी नहीं देते हैं, तो आप दूसरे व्यक्ति पर हमेशा शक करते रहेंगे। आपको यही लगेगा कि वह भी अपना सौ फीसदी नहीं दे रहा है। यह बात प्रत्येक संबंध पर लागू होती है। भले ही वह प्रेम संबंध हों, पति-पत्नी के संबंध हों, कर्मचारी-नियोक्ता के संबंध हों, माँ-बेटे या बेटी के संबंध हों, दोस्ती हो या और कुछ।

□

# दूसरों के दुःख में सहभागी बनें

गुरदेव कौर और जुगराज सिंह गिल पंजाब के मोगा शहर से संबंध रखते हैं। उनका आलीशान घर मोगा में जी.टी. रोड के किनारे बना है। जमीन-जायदाद के मामले में बेहद समृद्ध परिवार से संबंध रखनेवाली इस पीढ़ी के पूर्वजों की गिनती पंजाब के दस बड़े जमींदारों में होती थी। गिल के दादा-परदादा राजनीति में भी सक्रिय रहे, जिसकी वजह से परिवार को सामाजिक प्रतिष्ठा भी प्राप्त है।

गुरदेव और जुगराज के दो बेटे हुए। बड़ा बेटा भारतीय वायुसेना में पायलट था, जबकि दूसरा कॉलेज में पढ़ाई कर रहा था। दुर्भाग्य से दोनों ही बेहद दुखद अंत को प्राप्त हुए। बड़े बेटे की मौत जहाँ हवाई दुर्घटना में हुई, वहीं दूसरा सड़क हादसे में मारा गया।

सुख-सुविधा और भौतिकता से परिपूर्ण जीवन जीते हुए भी यह स्वभाव से बेहद करुणामयी और संवेदनशील रहे हैं। अपने इसी अच्छे स्वभाव के कारण वह अपने घर व खेत के नौकरों या मजदूरों को परिवार के सदस्य की तरह ही देखते थे तथा उनकी हर तकलीफ का ध्यान रखते थे। अपने दोनों बच्चों की अकाल मृत्यु से इन्हें गहरा सदमा पहुँचा, लेकिन इन्होंने अपने दुःख से निजात पाकर समाज की बेहतरी के लिए कुछ करने की ठानी। इस फेर में उन्होंने अपने आलीशान घर और खेतों को बेचकर एक बड़ी रकम एकत्र की। इस रकम से उन्होंने चंडीगढ़-लुधियाना मार्ग पर 25 एकड़ जमीन खरीदी और वहाँ पर आधुनिक वृद्धाश्रम 'माता गुरु का सुख-निवास' खोला। इस जगह बुजुर्गों की

देखभाल और सुख-सुविधाओं से जुड़ी सभी चीजें उपलब्ध हैं। साफ-सफाई और खाने-पीने के सामान से हमेशा भरी रहने वाली रसोई में बुजुर्गों के लिए पौष्टिक भोजन पकाया जाता है। यहाँ चौबीस घंटे डॉक्टरों की एक टीम मुस्तैद रहती है, ताकि यहाँ रहनेवालों के स्वास्थ्य की देखभाल अच्छी तरह से हो सके। उनके एक फार्म में डेयरी उत्पाद तैयार किए जाते हैं और खेती होती है। इसका इस्तेमाल भी बुजुर्गों के लिए ही किया जाता है।

दूध, दुग्ध-उत्पाद और सब्जियों से इतर खर्चों को यही दंपती वहन करता है। इसके लिए उन्होंने एक निश्चित धनराशि अलग रख छोड़ी है। यह दंपती सरकार या किसी अन्य निजी संगठन से कोई दान स्वीकार नहीं करते हैं। इनका दर्शन यही है कि वृद्धाश्रम में रहने वाले 200 लोगों के दुःखों को बाँटकर वह अपने जवान बेटों की मौत के दर्द को कम कर रहे हैं। इस तरह उन्होंने दूसरों के दुःख को आत्मसात् करके अपने निजी गमों से निपटने में सफलता पाई है। इसके साथ ही बेसहारों को सहारा देकर दुनिया को एक नई राह भी दिखाई है।

**फंडा यह है कि दूसरों के दुःख को बाँटने में अपना तन-मन-धन न्योछावर कर देने से अपने गम के बारे में सोचने का समय ही नहीं मिलेगा।**

□

# दूसरों की कमियों को स्वीकार करें

एक छोटी बच्ची अपनी माँ को पिता के लिए टोस्ट तैयार करते देख रही थी। उसके पिता डिनर नहीं करना चाहते थे और इसीलिए उन्होंने टोस्ट सेंकने को कहा था। लड़की की माँ दिन भर के काम के बाद बुरी तरह थक गई थी, लेकिन अपने पति की इच्छा के अनुरूप टोस्ट सेंक रही थी। कुछ देर बाद उसने जले हुए टोस्ट और फलों की प्लेट को अपने पति के समक्ष ले जाकर रखा। लड़की यह जानने को इच्छुक थी कि जले टोस्ट देखने के बाद पिता की क्या प्रतिक्रिया होती है, जो खुद भी दिन भर के काम के बाद थके-हारे घर लौटे हैं। चूँकि उनका पेट ठीक नहीं था, इसीलिए उन्होंने टोस्ट खाने की इच्छा व्यक्त की थी।

पति ने टोस्ट में कोई नुक्स नहीं निकाला, बल्कि पत्नी की तरफ देखकर मुसकराए, फिर अपनी बेटी से उसके दिन भर की गतिविधियों के बारे में पूछने लगे। अपनी बेटी की बातें सुनते हुए उन्होंने टोस्ट पर मक्खन और जैली लगाई और फिर एक-एक निवाला लेते हुए पूरा आराम से टोस्ट खा गए।

डिनर करने के बाद पत्नी ने जले हुए टोस्ट के लिए उनसे माफी माँगी। इस प्रकरण का पटाक्षेप करते हुए पति महोदय बोले, 'डियर, मुझे जले टोस्ट खाना अच्छा लगता है।' उसी रात को सोने जाने से पहले वह लड़की अपने पिता को शुभरात्रि बोलने गई। वहाँ उसने उनसे पूछा कि क्या वास्तव में उन्हें जले टोस्ट अच्छे लगे! इस पर लड़की को अपनी बाँहों में समेटते हुए वह बोले, 'मेरी बच्ची, तुम्हारी माँ ने दिन भर काम किया है और वह बहुत थक गई थी। एक जले टोस्ट

के अलावा उसने किसी का कोई नुकसान नहीं किया है। तुम्हें मालूम है। जिंदगी अधूरी चीजों से भरी पड़ी है। इसी तरह कोई भी इनसान संपूर्ण नहीं होता है, कोई-न-कोई दोष हर किसी में होता है। मैं भी बहुत अच्छा खाना पकाना नहीं जानता हूँ और न ही अच्छे से घर की देखभाल कर सकता हूँ।'

अपनी बात जारी रखते हुए उन्होंने आगे कहा, 'हमें दूसरों की कमियों को स्वीकार करना सीखना चाहिए। इसके साथ ही एक-दूसरे की मत-भिन्नता का भी सम्मान करना आना चाहिए। उक्त दो गुणों की मदद से ही स्वस्थ और टिकाऊ रिश्ता बन सकता है।'

**फंडा यह है कि आपसी समझ किसी भी रिश्ते का आधार होती है। वह रिश्ता भले ही पति-पत्नी का हो या बच्चों और अभिभावकों का। याद रखें— 'ऐंगर' और 'डेंजर' में महज एक वर्ण का ही फर्क होता है।**

□

# दृढ़ इच्छाशक्ति से मिलती है सफलता

मुंबई के ठाणे में स्थित होली क्रॉस कॉन्वेंट स्कूल की छात्रा होली तुरखिया को स्कूल प्रबंधन ने एक अनूठा रिकॉर्ड बनाने के लिए सम्मानित किया। यह रिकॉर्ड है स्कूल में केजी कक्षा से दसवीं तक शतप्रतिशत उपस्थिति बनाए रखने का। अपनी इस उपलब्धि पर हैली कहती है, ''मैं हर रोज स्कूल महज इसलिए नहीं आई कि मुझे कोई रिकॉर्ड बनाना था। मुझे स्कूल अच्छा लगता था, तो मैंने कोशिश की कि नियमित रूप से स्कूल में उपस्थित रहूँ।'' हैली को स्कूल आना इस कदर पसंद था कि उसने जंग फूड खाना लगभग छोड़ दिया था। इस उम्र के बच्चों के लिहाज से यह भी एक बड़ी उपलब्धि कही जाएगी। वह बताती है, 'मुझे याद नहीं पड़ता कि मैंने जंक फूड कब खाया था।' हालाकि उसे आइसक्रीम और पानी–पूरी खाना पसंद है, लेकिन वह इन्हें स्कूल की छूट्टयों के दिनों में ही खाती थी, ताकि अगर वह उन्हें खाने से बीमारी भी पड़ जाए, तो उसे स्कूल से गैरहाजिर न रहना पड़े।

हालाँकि इस दौरान कई बार उसके सामने मुशिकल हालात भी पेश आए। ऐसी एक घटना याद करते हुए वह बताती है कि उसके दादाजी का निधन हो गया था, तो उसे लग रहा था कि अब तो छुट्टी लेनी ही पड़ेगी, लेकिन दादी ने उससे कहा कि वह स्कूल जाए क्योंकि उसकी अनुपस्थिति से कर्मकाँडों पर कोई प्रभाव नहीं पड़ेगा। हैली ने दसवीं की परीक्षा 87 फीसदी अंकों के साथ उत्तीर्ण की है और आगे की पढ़ाई के लिए उसने सेंट जेवियरस कॉलेज में कला संकाय में दाखिला लिया है। यहाँ भी उसका मकसद यही है कि उसे एक दिन भी कॉलेज से गैरहाजिर न रहना पड़े, तो वह संभवत: इस देश की पहली स्नातक होगी, जिसने अपनी पूरी पढ़ाई के दौरान एक दिन भी कलास मिस नहीं की।

अगर हैली की दिनचर्या को बारीकी से देखा जाए तो स्पष्ट पता चलता है कि उसमें सिर्फ एक दिन भी स्कूल से अनुपस्थित न रहने की दृढ़ता भर नहीं थी, बलकि त्याग की भावना भी निहित है। त्याग जंक फूट हखाने का। इस लड़की ने अब तक चटखारेदार जंक फूट से परहेज रखा है और अगले तीन वर्ष भी वह इनसे दूरी बनाए रखेगी, क्योंकि पह अपने कॉलेज का भी एक दिन मिस करना नहीं चाहती है।

**फंडा यह है कि बैगर इच्छाशक्ति और त्याग के कुछ भी हासिल नहीं किया जा सकता है। किसी उपलब्धि को पाने के लिए कुछ त्याग करना ही पड़ता रहै।**

□

# इंसानियत में जगाएँ लोगों का भरोसा

कहा जाता है कि सबसे ज्यादा सुखी वे लोग नहीं होते, जो ज्यादा पाते हैं, बल्कि ऐसे लोग होते हैं, जो ज्सादा देते हैं। हमारे देश में आज भी ऐसे कई लोग होते हैं जो दूसरों को आफत में बिलखता देख तुरंत मदद के लिए निकल पड़ते हैं। उम्र के छह दशक पार कर चुके अब्दुल हमीद अली (जो छह बच्चों के पिता हैं) इसकी जीती-जागती मिसाल हैं। मंगलोर के सरहदी कसबे माँजेश्वर में रहने वाले अली पिछले शनिवार को बाजपे एयरपोर्ट के निकट एयर इंडिया का विमान आईएक्स-812 दुर्घटनाग्रस्त होने के बाद घायलों की मदद के लिए तुरंत आगे आए।

शासकीय वेनलॉक हॉस्पिटल में पहला शव पहुँचने के साथ ही वह सेवा में जुट गए। उन्हें झुलसे हुए शवों को एंबुलेंस से निकालकर शवगृह में पहुँचाते, पीड़ित व्यक्तियों के निकट संबंधियों को पानी पिलाते और मृतकों के करीबियों को दिलासा देते हुए देखा गया। दुःख में डूबे व्यक्तियों को सांत्वना देना और उनके दुःख को अपना लेना वास्तव में आज कम ही देखने में आता है।

मुंबई में 1994 के दौरान एक शाम पीक ऑवर्स में जबरदस्त पावर ब्रेकडाउन हुआ था। इससे तमाम लोकल ट्रेनों के पहिए थम गए थे। तब रेलवे नेटवर्क के साथ कई कॉलोनियों ने इन मुसाफिरों, जिनमें महिलाएँ और बच्चे भी शामिल थे, के लिए खाने-पीने का इंतजाम करते हुए अस्थायी टेंट लगाए। लोगों को उस वक्त घर पहुँचने के लिए चालीस-पचास किलोमीटर तक पैदल चलना पड़ा और आहार की इस व्यवस्था से उन्हें आगे चलने के लिए पर्याप्त ऊर्जा मिल सकी।

26 जुलाई, 2005 को जब मुंबई में बढ़ आई, उस वक्त एसवी रोड पर खार मसिजद के निकट झुग्गियों में रहने वाले कई मुसलिम युवाओं को वहाँ से गुजरने वाले लोगों के बीच गरम चाय और बिस्किट बाँटते हुए देखा गया। 11 जुलाई, 2006 को मुंबई की लोकल ट्रेनों में हुए शृंखलाबद्ध बम विस्फोट के बाद हताहत लोगों को मुख्यत: तीन सरकारी अस्पतालों कूपर, भाभा और भागवती में लें जाया गया। गुजराती मूल की दो बहनों, जिनकी उम्र 80 वर्ष से ऊपर थी, को कूपर हॉस्पिटल में उन लोगों को दाल-खिचड़ी, चाय और स्नैक्स बाँटते हुए देखा गया, जो वहाँ अपने करीबियों को तलाश रहे थे।

ऐसे लोगों के प्रयासों के प्रति कदाचित् ही आभार व्यक्त किया जाता है। कोई भी नेता उनकी निस्स्वार्थ सेवा और परोपकार को नहीं सराहता। वे अपना काम कर वापस गुमनामी में खो जाते हैं। संभवत : वे खुद भी चुपचाप अपना काम करने में यकीन करते हैं और सुर्खियों से दूर रहते हैं। इन्हें देख हमें भी मानवीय मूल्यों पर भरोसा करना चाहिए।

**फंडा यह है कि कई ऐसे लोग हैं, जो लगातार परोपकार में लगे रहते हैं। यही कारण है कि कुछ बुराइयों के बावजूद हमें अपने इर्द-गिर्द कई अच्छी घटनाएँ भी देखने को मिलती हैं।**

□

# हमारे रिश्तों में कहीं नजर न आए संघर्ष

हर कोई अपने पति या पत्नी में खास तरह की खूबियों की अपेक्षा रखता है। इसी तरह हर कोई अपने बच्चों के जीवन को भी एक खास दिशा देना चाहता है। लेकिन आमतौर पर होता यह है कि आपका जीवनसाथी या आपके बच्चे जीवन में कोई अलग राह चुनते हैं। इसका एक कारण तो यह हो सकता है कि वे किसी अलग माहौल से आते हैं अथवा उनकी परवरिश ऐसी दुनिया में होती है, जिससे हम अपरिचित होते हैं। इस प्रक्रिया में हमारे दिमाग के कोने में हमारे जीवन को लेकर कुछ अधूरापन रह जाता है। हम हमेशा इस अधूरेपन से जूझते रहते हैं और हमारा जीवन संपूर्ण नहीं हो पाता। यह कहना है सदगुरु जग्गी वासुदेव का, जो एक आध्यात्मिक गुरु है।

आपके पास क्या है, उससे आपकी पूर्ति नहीं होती। पूर्णता इससे आती है कि आप अपने पास मौजूद चीजों की अनुभूति किस तरह करते है। आप नहीं जानते कि कब आपकी कार ट्रैफिक जाम में फंस जाए। ऐसी सूरत में स्पष्ट तौर पर चीजें आपके मनमुताबिक नहीं होतीं। तो आप क्या करते है? क्या आप अपनी कार से निकलकर दूसरों पर चिल्लाने लगते हैं कि उन्होंने आपकी कार का रास्ता क्यों रोककर रखा है? कोई भी समझदार आदमी ऐसा नहीं करेगा। कुछ लोग हताशवश निकट वाली कार में बैठे लोगों द्वारा जरा-सा गलत टर्न लेने पर उनसे झगड़ने लगते है और इस तरह ट्रैफिक व्यवस्था को और ज्यादा अव्यवस्थित कर देते हैं। यदि आपने कार खरीदते हुए मुंबई जैसे भीड़भाड़ वाले शहर की सड़कों पर रोज अपनी कार से ही ऑफिस जाने का फैसला कर लिया है तो आपको हर दिन इस तरह की ट्रैफिक संबंधी अव्यवस्थाओं से जूझना पड़ सकता है। आपको इसके साथ ही रहना

होगा। आपको ऐसी सूरत में अपनी कार में आराम से बैठना सीखना होगा। या तो आप अपनी कार में लैपटॉप या कोई काम लेकर चलें अथवा रेडियो पर मनपसंद गीतों व भजनों को सुनते हुए उनका आनंद लेते रहें।

हम एक नियोजित समाज में रहते हैं और इस तरह की परिस्थितियाँ हमारे जीवन में अपरिहार्य है। हम ऐसे समाज में नहीं रहते जो किसी तरह के नियम-कायदों को नहीं मानता। समाज का एक हिस्सा होने के नाते हम सामाजिक व्यवस्था के खिलाफ नहीं जा सकते। हालाँकि हम चाहें तो संकरी गलियों से होकर भी कार निकाल सकते है। इसी तरह बाधाओं को पार कर जीवन में खुशी तलाशते हुए अपने जीवन लक्ष्यों की ओर बढ़ना हमारी स्मार्टनेस पर निर्भर है।

**फंडा यह है कि यदि हम उम्मीद पर जीना चाहें कि हमारी जिंदगी एक सीधी रेखा पर आगे चलेगी, तो ऐसा नहीं होने वाला। इसे समझते हुए किसी भी रिश्ते में संघर्ष न पैदा होने दें।**

□□□